QUERVERLAG

LESBISCH FEMINISTISCH SICHTBAR

ROLE MODELS AUS DEM DEUTSCHSPRACHIGEN RAUM

TEXTE: SUSANNE KALKA
ILLUSTRATIONEN: HELENE TRAXLER

Erste Auflage: September 2020

Umschlag und grafische Realisierung von Helene Traxler
Lektorat von Inge Lütt

Druck und Weiterverarbeitung: Finidr
ISBN 978-3-89656-292-0
Printed in the Czech Republic

Bitte fordern Sie unser Gesamtverzeichnis an:
Querverlag GmbH
Akazienstraße 25, 10823 Berlin
www.querverlag.de

INHALT

WER BRAUCHT SCHON ROLE MODELS?
WARUM LESBISCHE SICHTBARKEIT SO WICHTIG IST

SUSANNE KALKA

Mit 16 Jahren hatte ich zum ersten Mal den Gedanken, ich könnte eventuell lesbisch sein. An das Gefühl erinnere ich mich noch sehr genau. Schon allein das Wort „Lesbe" machte mir Angst. Ich fühlte mich außerstande, dieses Wort auszusprechen. Schon gar nicht war ich in der Lage, mich selbst damit zu identifizieren. Ich weiß noch, wie stark ich mich gegen diese Vorstellung wehrte. Wie konnte ich lesbisch sein, wenn die ganze Welt um mich herum so heterosexuell war? Lesben gab es in dieser Welt nicht, lediglich als Abweichung von der Norm, als etwas Sonderbares, etwas Anderes, etwas Fremdes. Lesben waren ganz weit weg von meiner Lebensrealität. In meinem Umfeld gab es keine Lesben – so dachte ich. Also schob ich den Gedanken wieder ganz weit von mir weg. Nein, lesbisch, das war ich nicht, das konnte ich gar nicht sein, das wollte ich nicht sein und das würde ich auch niemals sein!

Das war 2007. Im selben Jahr gab es noch sehr viele Momente, die mir verdeutlichten, dass es doch wichtig war, mich weiter mit dem Thema zu befassen. Auch wenn ich hier nicht auf jeden einzelnen dieser Momente eingehen kann, möchte ich ein Schlüsselerlebnis hervorheben. Im Herbst 2007 erschien ein sehr sympathisch und glücklich wirkendes Paar in den Schlagzeilen der deutschen Printmedien. Die beiden Frauen weckten sofort meine Aufmerksamkeit. Irgendwie entsprachen sie so gar nicht dem Bild, wie Lesben in meiner Vorstellung aussahen oder auftraten. Was hatte ich auch für ein Bild von Lesben? Ich kannte ja vermeintlich keine. Also setzte ich mich zum ersten Mal wirklich mit dem Thema auseinander. Auf einmal wirkte der Gedanke, lesbisch zu sein, gar nicht mehr so beängstigend auf mich. Auf einmal fühlte ich mich nicht mehr ganz alleine mit diesem Gefühl. Das gab mir Halt, Orientierung und Mut. Ich begann, meinen eigenen Weg zu finden und zu gehen.

Manch eine*r fragt sich vielleicht, ob wir heutzutage noch ein Buch über lesbische Role Models benötigen. Fakt ist, dass wir – trotz vieler gesellschaftlicher Fortschritte – nach wie vor in einer patriarchal und heteronormativ geprägten Gesellschaft leben. Das bedeutet, dass Frauen weiterhin in vielen Bereichen benachteiligt und Lesben nicht ernst genommen werden. Wenn von Homosexualität oder der LGBT+ Community die Rede ist, sind Lesben zwar meist mitgemeint, in der öffentlichen Wahrnehmung bleiben sie jedoch in der Regel unsichtbar. In diesem Buch werden daher ganz bewusst die Bezeichnungen „Lesbe“ und „lesbisch“ verwendet. Nicht als exklusive Identitätszuschreibung, sondern als Form der Selbstermächtigung.
Aber was bedeutet es genau, ein Role Model für lesbische Sichtbarkeit zu sein? Wer für wen ein Role Model ist und sein kann, entscheidet natürlich jede für sich selbst. Unser Ziel ist es, mit diesem Buch eine möglichst große Vielfalt an unterschiedlichen Lebensentwürfen aufzuzeigen. Wir geben dabei nicht nur denjenigen Frauen Raum, die bereits in

der Öffentlichkeit stehen, sondern zeigen auch weniger bekannte, aber in ihrem Umfeld engagierte Frauen und machen diese damit ebenfalls als mögliche Role Models sichtbar. Nach unserem Verständnis muss Frau nicht selbst lesbenaktivistisch unterwegs sein, um ein Role Model sein zu können. Alle Frauen in diesem Buch verbindet jedoch ihre feministische Grundhaltung und dass sie für lesbische Sichtbarkeit einstehen.
Bei der Recherche für unser Buch waren wir selbst begeistert, wie viele beeindruckende lesbisch lebende Frauen es im deutschsprachigen Raum gibt. Unsere Liste wurde immer länger und länger und nahm gar kein Ende mehr. Am liebsten hätten wir jede einzelne dieser Frauen in unserem Buch gewürdigt. Da das jedoch nicht möglich ist, heben wir hier einige wenige beeindruckende Frauen hervor, ohne auch nur annähernd einen Anspruch auf Vollständigkeit zu erheben.

Role Models können uns begleiten und dazu ermutigen, unseren ganz eigenen, individuellen Weg zu gehen. Dazu will dieses Buch inspirieren.

SHARON
ADLER

*„Mir geht es immer
um Sichtbarkeit
bei allem, was ich mache.
Sichtbarkeit von Frauen,
Sichtbarkeit von Jüdinnen.
Das bringe ich auch in
meiner Arbeit als Fotografin
zum Ausdruck."*

SHARON ADLER

GEBOREN AM 23. OKTOBER 1962
IN WEST-BERLIN, DEUTSCHLAND

FOTOGRAFIN, JOURNALISTIN, GRÜNDERIN UND HERAUSGEBERIN DES ONLINE-MAGAZINS AVIVA-BERLIN, VORSTAND DER STIFTUNG ZURÜCKGEBEN

Sharon Adler will mit ihrer Arbeit als Fotografin und Journalistin diejenigen in den Fokus rücken, die auch heute noch gesellschaftlich unterrepräsentiert und benachteiligt sind. Genau aus dieser Ambition heraus gründet sie 2000 das Online-Magazin für Frauen *AVIVA-Berlin*.

Bereits während ihrer Schulzeit hat Sharon Adler ein Schwarz-Weiß-Labor, in dem sie mit verschiedenen Formen der Fototechnik experimentiert. Die Fotografie bietet ihr die Möglichkeit, Erinnerungen festzuhalten und dem Vergessen entgegenzuwirken. Was der Verlust an Erinnerung bedeutet, weiß Sharon Adler nur allzu gut, da ein Großteil ihrer Familie im Holocaust ermordet wurde. Nach Beendigung ihrer Schulzeit macht Sharon Adler eine Ausbildung zur Fotografin, zunächst in Essen mit den Schwerpunkten Porträt- und Theaterfotografie, später in Berlin als Industrie- und Werbefotografin. Zum damaligen Zeitpunkt ist sie eine von wenigen Frauen, die diesen technikversierten

Beruf erlernt. Nach ihrer Ausbildung arbeitet sie als freie Fotografin. Im Zuge der Umstellung von der Analog- zur Digital-Fotografie nimmt Sharon Adler Ende der 90er Jahre an einer einjährigen Fortbildung teil. Währenddessen entsteht auch ihr Wunsch, ein Online-Magazin für Frauen zu gründen. Sie will dort all die Gruppen miteinander verbinden, die in den bisherigen Printmedien zu kurz kommen: Frauen, Jüdinnen, Lesben. Außerdem will sie mit ihrem Magazin das Internet weiblicher gestalten. Wenn Sharon Adler eine Idee hat, dann setzt sie diese auch um. Ende der 90er Jahre stellen Online-Magazine noch ein absolutes Novum dar, weshalb diejenigen, die in den Neuen Medien etwas gründen wollen, häufig zinslose Darlehen erhalten – so auch Sharon Adler. Bereits zu Beginn stellt sie drei weitere Frauen ein, die ihr beim Aufbau des Magazins helfen. Am 1. Februar 2000 geht *AVIVA-Berlin* online. Auch als Fotografin ist es Sharon Adler wichtig, Statements zu setzen: gegen Sexismus, gegen Antisemitismus und gegen jegliche andere Form der Unterdrückung. Sie macht u. a. Fotos für die Berliner Landesstelle für Gleichbehandlung – gegen Diskriminierung. 2006 veröffentlicht sie zudem das Buch *Damenwahl: Frauen und ihre Autos*. Dort porträtiert sie Frauen, die von sich und ihren Autos erzählen, und bricht damit mit sexistischen Klischeebildern. Für ihren langjährigen Einsatz zur Förderung der Gleichstellung erhält Sharon Adler 2012 den Berliner Frauenpreis. Im Frühjahr 2012 startet sie mit *Writing Girls – Jüdische Frauengeschichte(n) in Berlin* ein weiteres Projekt, um jüdische Frauenbiographien sichtbar zu machen. Seit 2013 ist sie außerdem ehrenamtlich im Vorstand der Stiftung *ZURÜCKGEBEN – zur Förderung jüdischer Frauen in Kunst und Wissenschaft*.

Sharon Adler setzt mit ihrer vielseitigen politischen Arbeit ein wichtiges Zeichen für mehr Sichtbarkeit und Akzeptanz von Jüdinnen und Lesben.

DEBORA
ANTMANN

„Ich bezeichne mich gerne als Lesbe, ich finde dieses Wort großartig. Lesbe zu sein, ist für mich politisches Statement und identitätsstiftender Teil meines Lebens zugleich. Ich bin generell ein sehr politischer Mensch."

DEBORA ANTMANN

GEBOREN AM 15. SEPTEMBER 1989
IN WEST-BERLIN, DEUTSCHLAND

**AUTORIN, BLOGGERIN,
LESBISCH-FEMINISTISCH-JÜDISCHE AKTIVISTIN**

Debora Antmann hat eine klare politische Botschaft und diese lautet: Sichtbarkeit! Sichtbarkeit von Lesben, Sichtbarkeit von Jüdinnen, Sichtbarkeit von Frauen mit Behinderung. Sie will, dass all diese unterschiedlichen Perspektiven wahrgenommen und berücksichtigt werden.

Debora Antmann studiert in Berlin Soziale Arbeit an der Alice-Solomon-Hochschule (kurz: ASH) sowie Gender Studies an der Humboldt-Universität. Nach ihrem Abschluss in Sozialer Arbeit ist sie als Frauenbeauftragte an der ASH tätig. Ihr Fokus liegt von Anfang an auf dem Bereich der Intersektionalität. Sie will mit ihrer Arbeit nicht nur weiße, bildungsbürgerliche, heterosexuelle Frauen ansprechen, sondern auch alle anderen Frauen* miteinbeziehen. Die ASH ist unter ihrer Leitung die erste Hochschule, an der das Frauenbüro zu einem Frauen*büro wird. Außerdem ist sie die erste Hochschule, an der zur Pride Week eine Regenbogenflagge gehisst wird.

Neben ihrer Teilzeitstelle als Frauenbeauftragte ist Debora Antmann auch in vielen anderen Kontexten politisch aktiv. Sie startet 2013 ein Blog, in dem sie zu Beginn vor allem aus einer queer_feministischen Perspektive schreibt. Mit der Zeit fällt ihr jedoch auf, dass ein Teil ihrer eigenen Identität nach wie vor unsichtbar bleibt: das Jüdischsein. Über eine Professorin erfährt sie vom lesbisch feministischen Schabbeskreis, der in den 80er Jahren in der BRD existierte. Sie ist fassungslos, dass sie zuvor noch nie etwas davon gehört hat. Von nun an macht sie es sich zur Aufgabe, Erinnerungspolitik zu betreiben. Seit 2015 forscht sie zu lesbisch-feministisch-jüdischer Widerstandsgeschichte der 80er und 90er Jahre in der BRD.

Ab 2016 hält Debora Antmann deutschlandweit Vorträge und leitet Workshops. Dabei durchleuchtet sie aus einer jüdischen Perspektive queer_feministische Praxen. Sie will dadurch verdeutlichen, welchen Mehrwert Teile jüdischer Kulturtradition und jüdischen Verständnisses für feministische Praxen bieten und zeigt auf, dass auch feministische Kontexte oft christlich-normativ geprägt sind.

Seit 2017 bringt Debora Antmann auch in ihrer jüdischen Online-Kolumne beim *Missy Magazine* ihre Erfahrungen zum Ausdruck. Da sie seit einiger Zeit im Rollstuhl sitzt, nimmt diese Perspektive ebenfalls einen wichtigen Platz in ihren Kolumnen ein. 2018 hört sie als Frauenbeauftragte auf und wird ein Jahr lang Projektleiterin für das Projekt *Flüchtlinge Willkommen*. Seit 2019 ist sie wissenschaftliche Mitarbeiterin im Jüdischen Museum Berlin. Sie hat dabei eine gute Mischung zwischen institutionalisierter Tätigkeit und politischer Bildungsarbeit gefunden.

Debora Antmann kämpft mit ihrer Arbeit für mehr Sichtbarkeit und für eine Welt, in der Vielfalt als das anerkannt wird, was sie ist: ein Zeichen für Kraft, Stärke und Widerstand.

SUSANNE
BAER

„Ich muss als Richterin beharrlich hinsehen und Unrecht erkennen und benennen, auch wenn es noch so klein ist. Eine fundamentale Ungerechtigkeit liegt doch darin, nicht genau hingeschaut zu haben.“

SUSANNE BAER

GEBOREN 1964
IN SAARBRÜCKEN, DEUTSCHLAND

RICHTERIN AM BUNDESVERFASSUNGSGERICHT, PROFESSORIN FÜR ÖFFENTLICHES RECHT UND GESCHLECHTERSTUDIEN

Als erste Professorin für feministische Rechtswissenschaft in Deutschland und erste offen lesbisch lebende Richterin am Bundesverfassungsgericht setzt sich Susanne Baer schon seit vielen Jahren für mehr Gerechtigkeit ein.

Susanne Baer studiert ab 1983 in Berlin Rechts- und Politikwissenschaft. Sie ist damals schon bürger- und umweltrechtlich, aber auch frauen- und lesbenpolitisch aktiv. In den 80er Jahren wird sie Mitglied der Redaktion der *STREIT – Feministische Rechtszeitschrift* und diskutiert jedes Jahr beim Feministischen Juristinnentag mit. Inspiriert ist sie auch durch die radikalfeministische Juristin und Theoretikerin Catharine MacKinnon, die sie in den USA kennenlernt. An der University of Michigan macht Susanne Baer 1993 zusätzlich einen Master of Laws. Immer wieder plädiert sie dafür, den eigenen Blick zu erweitern und festgefahrene Kategorien in Frage zu stellen. Sie kämpft gegen Pornografie sowie sexuelle Belästigung und will Diskriminierung durch Gewalt zivilrechtlich verfolgen –

was mit der *Berliner Initiative gegen Gewalt an Frauen* später gelingt. In ihrer Doktorarbeit will Susanne Baer Gleichberechtigung kritisch diskutieren. Sie scheitert jedoch fast daran, einen Betreuer zu finden. Ihr Professor hält das Thema für irrelevant. Das ist ein schwerer Schlag. Aber für sie gilt: „Wenn da eine Mauer ist, musst du dir einen anderen Weg suchen." Das Arbeitsamt schickt sie in die Umweltverwaltung des Landes Berlin. Dann findet sie doch noch einen Professor, der ihre Arbeit betreuen will. An der Humboldt-Universität zu Berlin (kurz: HU) engagiert sie sich beim Aufbau des Studiengangs Gender Studies, lädt feministische Juristinnen zu Gastaufenthalten ein, organisiert Konferenzen zu Sexismus und Rassismus im Recht und wird 2000 schließlich habilitiert.

Im Jahr 2002 richtet die HU einen neuen Lehrstuhl für Öffentliches Recht und Geschlechterstudien ein. Susanne Baer, die zwischenzeitlich in unterschiedlichen Städten lehrte, nimmt dort den Ruf als Professorin an. Sie will einen Ort für kritische Genderforschung öffnen. 2003 wirbt sie Mittel für ein *GenderKompetenzZentrum* ein. 2005 wird sie zur Vizepräsidentin der HU gewählt, 2009 ist sie Studiendekanin der Juristischen Fakultät.

2010 erhält Susanne Baer einen Anruf von Renate Künast, damals Fraktionsvorsitzende der Grünen im Bundestag. Sie suche eine Nachfolgerin für den ausscheidenden Verfassungsrichter Brun-Otto Bryde. „Ich habe drei tolle Kolleginnen genannt", erinnert sich Susanne Baer rückblickend. Erst dann begreift sie, dass sie selbst gemeint ist. Sie wird im Bundestag gewählt und spricht seit 2011 Recht im ersten Senat des höchsten deutschen Gerichts.

Susanne Baers juristische Laufbahn zeigt, dass sie ihre Ziele verfolgt hat, ohne sich dem Mainstream anzupassen. Sie schaut nicht nur genau hin. Sie setzt sich auch weiter aktiv gegen Diskriminierung und für lesbische Sichtbarkeit ein.

INGE
VON
BÖNNINGHAUSEN

„Frauen haben eine Geschichte. Wir erzählen euch aus dieser Geschichte. Wir tun das, weil wir euch zeigen wollen, dass es eine andere Sicht auf Frauen und ihre Geschichte gibt, dass es überhaupt eine Frauengeschichte gibt, auch wenn sie in kaum einem Geschichtsbuch der Schule vorkommt.“

INGE VON BÖNNINGHAUSEN

GEBOREN AM 20. SEPTEMBER 1938
IN UERDINGEN AM NIEDERRHEIN, DEUTSCHLAND

JOURNALISTIN, FERNSEHMODERATORIN, FEMINISTISCHE AKTIVISTIN

Inge von Bönninghausen gilt als Pionierin im öffentlich-rechtlichen Fernsehprogramm. Dank ihres feministischen Engagements wurden frauenpolitische Inhalte regelmäßig einer breiten Öffentlichkeit zugänglich gemacht.

Inge von Bönninghausen kommt ein Jahr vor Ausbruch des Zweiten Weltkriegs auf die Welt. Die Familie zieht während und nach den Kriegsjahren häufig um und lässt sich dann in Wesel nieder. Es folgen Krefeld und Düsseldorf. Da ihr Bruder jünger ist als sie, genießt Inge von Bönninghausen unausgesprochen das Privileg der Erstgeborenen und darf als Frau ein Studium aufnehmen.
Inge von Bönninghausen studiert zunächst Germanistik und Anglistik in Göttingen. Anfang der 60er Jahre wechselt sie an die Freie Universität Berlin, wo sie das Fach Anglistik durch Geschichte ersetzt. Sie verfolgt schon damals das Ziel, Journalistin zu werden. In den Semesterferien

arbeitet sie als Praktikantin bei den *Düsseldorfer Nachrichten*. Als junge Studentin in Berlin erlebt sie die politisch aufgeladene Atmosphäre der damaligen Zeit, die sich im Mauerbau und der Kubakrise zuspitzt. Sie erfährt außerdem die sich anbahnende Umbruchstimmung, die in der 68er-Bewegung mündet.

1968 schließt Inge von Bönninghausen ihre Promotion im Fach Germanistik ab. Ein Jahr später beginnt sie als Assistentin bei Karl Schnelting, dem damaligen Fernsehprogrammdirektor des Saarländischen Rundfunks. Das betrachtet sie als großartigen Einstieg in den TV-Journalismus. Bei dem kleinen Sender erhält sie sehr viele Einblicke in unterschiedliche Bereiche. Ab 1970 beginnt sie dann, als freie Autorin für den Westdeutschen Rundfunk und das ZDF zu arbeiten. Die nächsten Jahre schreibt sie Drehbücher für verschiedene pädagogische Sendeformate. 1974 wird Inge von Bönninghausen schließlich beim WDR als Redakteurin festangestellt. Sie ist dort weiterhin für pädagogische Themen zuständig. Bald schon steht sie dafür auch als Moderatorin vor der Kamera.

Inge von Bönninghausen ist überzeugte Feministin und in zahlreichen Frauenzentren und feministischen Bündnissen mitbeteiligt. Sie ist 1976 auch bei den ersten Vorbereitungstreffen zur Gründung der *EMMA* dabei, verlässt aber im selben Jahr die Gruppe wieder. 1976 bildet sich außerdem die WDR-Frauengruppe, die für bessere Arbeitsbedingungen eintritt und ihre gleichwertige Arbeit sichtbar machen will. Frauen aus allen Berufsgruppen finden sich dort zusammen und untersuchen in einer Studie die „Situation der Mitarbeiterinnen im WDR“. Diese kommt 1981 heraus und wird zur Grundlage für den späteren Frauenförderplan im WDR.

Als Journalistin sieht Inge von Bönninghausen ihre Verantwortung vor allem darin, immer eine feministische Perspektive einzubeziehen. Sie will die Debatten der Neuen Frauenbewegung, die vorwiegend an den

Unis stattfinden, für ein weniger privilegiertes Publikum verständlich machen. Dafür setzt sie alles daran, ihre männlichen Vorgesetzten von der Notwendigkeit eines solchen Fernsehprogramms zu überzeugen. 1980 gelingt es ihr, das erste – und lange Zeit einzige – feministische TV-Programm ins Abendprogramm des WDR zu bringen. Die Sendereihe wird einmal monatlich zunächst unter dem Titel *Frauenstudien* und wenig später mit dem Namen *Frauen-Fragen* ausgestrahlt. Dort wird über alle Themen, von Gesundheit über Sport, Kunst und Arbeit aus frauenpolitischer Sicht berichtet. Auch Lesben werden im Zuge dessen 1982 erstmalig im Fernsehen sichtbar gemacht. Das Programm ist bis heute fester Bestandteil im WDR und trägt seit 1997 den Namen *Frau-TV*.

Ein weiterer feministischer Meilenstein ist die Ausstrahlung der zwölfteiligen Fernsehreihe *Unerhört – Die Geschichte der Deutschen Frauenbewegung von 1830 bis heute*. Inge von Bönninghausen ist gemeinsam mit drei weiteren Redakteurinnen vom NDR und HR für die Sendereihe verantwortlich. Die Sendung wird 1987 ausgestrahlt und gibt damit zum allerersten Mal der Frauengeschichte im deutschsprachigen Fernsehen eine Plattform. Im selben Jahr gründet Inge von Bönninghausen mit Kolleginnen auch den deutschen Journalistinnenbund, bei dem sie mehrere Jahre als Vorsitzende fungiert.

1991 ist die Schriftstellerin Viola Roggenkamp zu Gast bei Inge von Bönninghausens Sendeformat *Frauen-Fragen*. Die Sendung trägt den Titel „Ich kenne eine Lesbe – und Sie?“, woraufhin beide betonen, dass sie einander kennen „und noch viele, viele andere“. Sie setzen damit ein großartiges Zeichen für lesbische Sichtbarkeit.

1999 geht Inge von Bönninghausen als Fernsehredakteurin und -moderatorin in den Ruhestand. Frauenpolitisch ist sie selbstverständlich auch weiterhin sehr aktiv. Sie ist vier Jahre lang Vorsitzende im Deutschen Frauenrat und veröffentlicht bis 2015 politische Beiträge zur Frauenge-

schichte in der Zeitschrift des Deutschen Frauenrates. Darüber hinaus ist sie Vorstandsfrau der Stiftung *Archiv der deutschen Frauenbewegung* sowie der *Lobby für Mädchen.*
Für ihre Arbeit erhält Inge von Bönninghausen zahlreiche Ehrungen: darunter 1996 das Bundesverdienstkreuz am Bande sowie 2012 den Augspurg-Heymann-Preis für ihr lesbenpolitisches Engagement. 2018 ist sie außerdem Preisträgerin der *Besonderen Ehrung* des Grimme-Preises. Die Jury nennt sie „eine Pionierin in der deutschen Fernsehlandschaft, die das Arbeiten, Wirken und den Einfluss von Frauen in den Medien thematisiert, eingefordert und gelebt hat."

Inge von Bönninghausen leistet mit ihrer Arbeit als Journalistin und Feministin einen maßgeblichen Beitrag zur Förderung lesbischer Sichtbarkeit und zur Thematisierung frauenrelevanter Inhalte.

BETTINA
BÖTTINGER

„Ich finde die Frage fundamental, was Menschen aus ihrem Leben machen, warum sie tun, was sie tun, und wie sie wurden, was sie sind. Es ist in den Talksendungen mein Ansatz, das herauszufinden."

BETTINA BÖTTINGER

GEBOREN AM 4. JULI 1956
IN DÜSSELDORF, DEUTSCHLAND

JOURNALISTIN, FERNSEHMODERATORIN, UNTERNEHMERIN, PRODUZENTIN

Bettina Böttinger ist mit ihrer herzlichen und zugewandten Art seit vielen Jahren schon eine feste Größe im WDR. Dabei war ihr Weg ins deutsche Fernsehen alles andere als gewöhnlich.

Bettina Böttinger studiert Germanistik und Geschichte in Bonn. Während und nach dem Studium arbeitet sie als freie Journalistin für die *Bonner Rundschau*. Die Bezahlung ist jedoch miserabel, ebenso wie die Behandlung. Eines Tages platzt ihr der Kragen. Die junge Journalistin fährt kurzentschlossen nach Köln, um den WDR-Hörfunkchef zu sprechen. Der Pförtner lässt sie zwar nicht ins Gebäude, gibt ihr jedoch die Telefonnummer der Chefredaktion Hörfunk.
„Mein Name ist Bettina Böttinger und ich möchte bitte sofort für den Westdeutschen Rundfunk arbeiten." Mit diesen Worten wird Manfred Erdenberger 1985 am Telefon begrüßt. Der damalige Leiter der Chefredaktion Hörfunk muss zunächst lachen und fragt dann nach ihren

Arbeitsproben. Kurze Zeit später wird Bettina Böttinger eingestellt und ist seit diesem Zeitpunkt nicht mehr aus dem WDR wegzudenken. Sie arbeitet zunächst für verschiedene Hörfunksendungen und moderiert 1988 mit *Hier und Heute* ihre erste Fernsehsendung. Kurz darauf wird sie Leiterin des WDR-Regionalbüros Bonn.
Mit ihrer Moderation der Medienshow *Parlazzo* beginnt 1991 Bettina Böttingers Einstieg in die Fernsehunterhaltung. 1993 moderiert sie erstmals ihr eigenes Talkformat *B. trifft ..., die etwas andere Talkshow*. Dort treffen zwei unterschiedliche Gäste, die vorher nichts voneinander wissen, aufeinander und kommen ins Gespräch. Die Sendung läuft elf Jahre lang und wird gleich zweimal für den Grimme-Preis nominiert. 1994 gründet Bettina Böttinger ihre Produktionsfirma *Encanto*, mit der sie seitdem erfolgreich Dokus, Reportagen und ihre eigenen Talksendungen produziert. Seit 2006 moderiert Bettina Böttinger nun schon die beliebte Talkshow *Kölner Treff*. In der Talkrunde werden wöchentlich prominente und nicht-prominente Gäste eingeladen, um aus ihrem Leben zu erzählen.
Auch gesellschaftspolitisch ist Bettina Böttinger sehr engagiert. Für den Kinderhilfeverein *burundikids e. V.* fliegt sie 2012 mit einem TV-Team nach Burundi und berichtet über die Arbeit des Vereins. Auch für die Frauenrechtsorganisation *medica mondiale* reist sie mehrfach nach Afghanistan, um auf die Lage traumatisierter Frauen und Mädchen aus Kriegsgebieten aufmerksam zu machen. Sie ist außerdem Botschafterin der *ARCUS-Stiftung*, die sich für eine erhöhte Sichtbarkeit und Akzeptanz von schwul-lesbischen Lebensweisen stark macht.

Mit ihrer sympathischen Ausstrahlung und ihrem echten Interesse an den Menschen ist Bettina Böttinger nicht nur eine der beliebtesten Moderatorinnen beim WDR. Sie ist auch ein Mensch mit klarer politischer Haltung und ein großartiges Role Model für lesbische Sichtbarkeit.

CAROLINA
BRAUCKMANN

*„Offen lesbisch
zu leben ist für mich
immer auch ein
politisches Statement.
Und ein Glück
obendrein."*

CAROLINA BRAUCKMANN

GEBOREN AM 26. JUNI 1954
AUFGEWACHSEN IN LÜDENSCHEID, DEUTSCHLAND

LIEDERMACHERIN, HISTORIKERIN

Über dreißig Jahre lang hielt Carolina Brauckmann mit ihren Liedern anderen Lesben auf satirische Art den Spiegel vor. Lesbische Sichtbarkeit ist ihr ein wichtiges Anliegen, nicht nur in ihrer Musik.

Carolina Brauckmann studiert 1975 an der Universität Freiburg Germanistik und Geschichte. Dort ist sie auch im Frauenzentrum aktiv und gründet gemeinsam mit anderen Aktivistinnen die *Freiburger Frauenzeitung*. Außerdem beginnt sie in ihrer Studienzeit, ihr lesbisches Coming-out in Form von Liedern zu verarbeiten. Das stößt innerhalb der Lesbenszene auf große Begeisterung. Nach ihrem ersten größeren Auftritt 1983 auf dem Lesbenpfingsttreffen in Osnabrück wird Carolina Brauckmann bald schon im gesamten deutschsprachigen Raum angefragt. In den nächsten dreißig Jahren schreibt sie über hundert lesbisch-feministische Chansons, veröffentlicht sechs Alben und gibt unzählige Konzerte. Auch wenn die Musik eine große Bereicherung für

sie darstellt, hauptberuflich leben kann sie davon nicht. Nach ihrem Studium arbeitet Carolina Brauckmann mehrere Jahre als Historikerin im Freiburger Stadtarchiv und forscht zur regionalen Frauengeschichte. Gemeinsam mit Sully Roecken veröffentlicht sie 1989 das Buch *Margaretha Jedefrau*. Im selben Zeitraum sucht die Feministin und *EMMA*-Herausgeberin Alice Schwarzer Mitarbeiterinnen für ihr 1984 gegründetes Feministisches Archiv und Dokumentationszentrum. Carolina Brauckmann zieht für die Stelle von Freiburg nach Köln und kann sich nun auch in der Theorie intensiv mit der Neuen Frauenbewegung befassen. Im Zuge dessen ist sie ebenfalls bei *i.d.a.* aktiv, dem Dachverband deutschsprachiger Frauen- und Lesbenarchive. Sieben Jahre lang ist sie Mitarbeiterin bei Alice Schwarzer und macht sich danach für einige Zeit mit einem Fraueninformationsdienst selbstständig.
2003 folgt schließlich eine Verlagerung von rein feministischen Bezügen zu einer lesbisch-schwulen und queeren Ausrichtung. Carolina Brauckmann beginnt als Mitarbeiterin im Kölner LGBT+ Beratungszentrum *rubicon* und übernimmt gemeinsam mit einem Kollegen die Landeskoordination für ältere Lesben und Schwule in Nordrhein-Westfalen. 2004 initiiert sie gemeinsam mit anderen Frauen die Gründung des Netzwerks *Lesben und Alter*. Darüber hinaus macht sie sich auch für den Erhalt der Demokratie stark und beteiligt sich seit 2018 am bundesweiten Netzwerk *Lesben gegen Rechts*. Ihrem Interesse an der Frauengeschichte ist sie ebenfalls treu geblieben. Für den Kölner Frauengeschichtsverein moderiert sie regelmäßig frauenhistorische Schifffahrten auf dem Rhein.

Carolina Brauckmann prägte mit ihren einzigartigen und pointierten Liedern die lesbische Szene bis heute. Sie leistet außerdem als lesbisch-feministische Aktivistin einen wichtigen Beitrag für mehr Akzeptanz und Sichtbarkeit sowie den Erhalt demokratischer Grundwerte.

BARBARA
BROSI

„Wir wollen Öffentlichkeit, wir wollen Präsenz, wir wollen unsere Themen auf der politischen Tagesordnung haben."

BARBARA BROSI

GEBOREN AM 21. FEBRUAR 1967
IN SEFTIGEN, SCHWEIZ

RECHTSANWÄLTIN, MITGRÜNDERIN SOWIE EHEMALIGE PRÄSIDENTIN UND MEDIENSPRECHERIN DER LESBENORGANISATION SCHWEIZ LOS

Barbara Brosi wird 1994 über Nacht zur berühmtesten Lesbe der Schweiz. Sie setzt sich seit ihrer Jugend für die Gleichberechtigung von Lesben ein.

Auf der Suche nach lesbischen Frauen geht Barbara Brosi nach dem Abitur für ein Jahr in die USA und findet in San Francisco den erhofften Anschluss an die lesbische Szene. Zurück in der Schweiz trifft sie in einer schwul-lesbischen Jugendgruppe in Bern auf drei weitere Frauen, die ebenfalls lesbische Themen in den Vordergrund rücken wollen. 1988 gründen sie gemeinsam die Lesbengruppe *Lesbeley* in Bern. Im selben Jahr beginnt Barbara Brosi ihr Studium zur Rechtsanwältin.
Auch in anderen Orten finden sich vermehrt jüngere Lesben in politisch aktiven Gruppen zusammen. Auf dem Stonewall-Festival 1989 treffen sich circa 40 Frauen und debattieren, wie sie auf nationaler Ebene Einfluss nehmen können. Gemeinsam gründen sie die *Lesbenorganisation*

Schweiz (kurz: LOS). Während die regionalen Gruppen weiterhin primär lokale und soziale Interessen abdecken, tritt die LOS als Dachverband national für politische Interessen ein. Allerdings hat die LOS in den ersten Jahren große Schwierigkeiten, lesbische Themen in den Medien sichtbar zu machen.
Das ändert sich schlagartig, als Lesben 1994 aufgrund eines Diskriminierungsskandals ins Bewusstsein der Schweiz katapultiert werden. Der FC Wettswil-Bonstetten löst sein Frauenteam auf, weil dort Lesben mitspielen und dies eine Gefahr für Juniorinnen darstelle. Barbara Brosi ist zu diesem Zeitpunkt Mediensprecherin der LOS und erlangt durch ihre Fernsehauftritte über Nacht nationale Bekanntheit. Der Skandal wird wochenlang sogar international in den Medien thematisiert. Im selben Jahr startet die LOS gemeinsam mit dem Schwulenverband eine Petition zum Thema *Gleiche Rechte für gleichgeschlechtliche Paare*. Barbara Brosi arbeitet im Petitionskomitee mit. 85.000 Menschen unterschreiben schließlich die Aufforderung zum Partnerschaftsgesetz.
1996 absolviert Barbara Brosi ihr Staatsexamen und knüpft ein Studium zur Notarin an. Danach arbeitet sie in verschiedenen Unternehmen. Seit 2014 ist sie Leiterin des Rechtsdienstes beim Tiefbauamt des Kantons Bern. Ihr juristisches Wissen bringt sie auch bei der Umsetzung lesbenpolitischer Ziele voran. Barbara Brosi ist ab 2004 im Abstimmungskomitee für das nationale Partnerschaftsgesetz aktiv. 58 % stimmen 2005 für das Gesetz. Es ist das erste eheähnliche Partnerschaftsgesetz weltweit, das in einer Volksabstimmung angenommen wird. Ab 2019 engagiert sich Barbara Brosi außerdem im nationalen Abstimmungskomitee für eine Strafgesetzerweiterung zu homophoben Äußerungen und Handlungen. Auch dieses Gesetz wird 2020 per Volksabstimmung befürwortet.

Barbara Brosi kämpft seit vielen Jahrzehnten für die rechtliche und gesellschaftliche Gleichbehandlung von Lesben – mit Erfolg!

MARIANNE
DAHINDEN

„Eines Tages haben die Grünen mich gefragt, ob ich als Friedensrichterin kandidieren wollte. Es ging darum, dass gezeigt wird, dass eine Frau sich dieses Amt auch zutrauen würde."

MARIANNE DAHINDEN

GEBOREN AM 17. MÄRZ 1950
IN ZÜRICH, SCHWEIZ

EHEMALIGE GESCHÄFTSFÜHRERIN BEI WYBERNET, FRIEDENSRICHTERIN A. D., HEILPÄDAGOGIN

1988 wird Marianne Dahinden zur ersten Friedensrichterin in Zürich gewählt. Auch lesbenpolitisch bringt sie in der Schweiz vieles voran.

Marianne Dahinden macht eine Ausbildung zur Heilpädagogin und arbeitet ein Jahr in einer Einrichtung für körperlich beeinträchtigte Kinder und Jugendliche in Dänemark. Zurück in der Schweiz arbeitet sie ebenfalls einige Jahre als Heilpädagogin, bis sie beschließt, beruflich etwas Neues zu wagen. Gemeinsam mit vier weiteren Personen und ihrem damaligen Freund eröffnet sie ein Restaurant mit Kulturbetrieb in einem kleinen Dorf im Thurgau. Im selben Zeitraum bringt Marianne Dahinden ihre Tochter zur Welt. Sie merkt jedoch bald, dass die gemeinsame Fürsorgearbeit mit ihrem Partner nicht funktioniert, und es folgt die Trennung. Daraufhin baut sie sich ein neues Leben in Solothurn auf und arbeitet dort in einem ähnlichen Kollektiv. Außerdem schließt sie sich einer Frauenmusikgruppe an. Im Zuge dessen ist sie zunehmend in

lesbisch-feministischen Kreisen unterwegs. Nach vier Jahren zieht Marianne Dahinden zurück in ihren Heimatort Zürich. Anfang der 1980er engagiert sie sich dort in der neu gegründeten Gruppe *FLOH – Frauen lesbisch oder homosexuell*. Außerdem organisiert sie das erste nationale Lesbentreffen in der Schweiz mit. Über hundert Frauen finden sich dort zusammen.
In Zürich arbeitet Marianne Dahinden wieder als Heilpädagogin. Nebenbei ist sie ehrenamtlich in einem Weltladen tätig. Dort offerieren ihr eines Tages Parteimitglieder der Grünen eine Stelle in der Schulpflege, die sie kurzerhand annimmt. Einige Jahre darauf bieten ihr die Grünen dann die Kandidatur zur Friedensrichterin an. Obwohl ihr Gegenkandidat ein bekannter CVP-Politiker ist, wird Marianne Dahinden wider Erwarten als erste Frau ins Amt gewählt. Die nächsten zwanzig Jahre ist sie mit großer Begeisterung als Friedensrichterin tätig.
Auch in lesbischen Zusammenhängen ist sie weiterhin aktiv. 2000 ist sie bei den *Eurogames* in Zürich im Vorstand für Kultur zuständig. 2001 wird sie dann bei einer Frauenparty auf die Gründung des lesbischen Berufsnetzwerks *WyberNet* hingewiesen. Sie findet die Idee großartig, dass sich berufstätige Lesben in einem Netzwerk zusammenschließen. Am Anfang finden regelmäßige Treffen in Zürich statt, bis sich mit der Zeit weitere Regionalgruppen bilden. Marianne Dahinden hilft beim Aufbau der Regionalgruppen in Basel und Luzern mit. Sie ist zu dieser Zeit bereits im Vorstand des *WyberNets* aktiv. Nach ihrer Frühpensionierung als Friedensrichterin wird sie außerdem geschäftsführende Präsidentin des Vereins. Seit einigen Jahren ist Marianne Dahinden nun in der Regionalgruppe Bern als Eventmanagerin tätig.

Ihr feministisches und lesbenpolitisches Engagement macht Marianne Dahinden zu einem wichtigen Role Model für mehr lesbische Sichtbarkeit in der Schweiz.

HENRIE
DENNIS

„Die Leute glauben, Aktivismus bedeutet, auf die Straße zu gehen. Aber Aktivismus bedeutet vor allem, deine Meinung zu äußern, nicht wegzuschauen, rassistische und homophobe Äußerungen nicht unkommentiert stehen zu lassen. Niemand muss auf die Straße gehen, um Aktivismus zu betreiben."

HENRIE DENNIS

GEBOREN IN PORT HARCOURT,
AUFGEWACHSEN IN LAGOS, NIGERIA

GRÜNDERIN UND VORSITZENDE VON AFRO RAINBOW AUSTRIA, KÜNSTLERISCHE LEITERIN BEI WIENWOCHE

Henrie Dennis hat einen ausgeprägten Sinn für Gerechtigkeit, der sie unnachgiebig antreibt. Bereits in jungen Jahren ist sie in Lagos lesbenpolitisch aktiv – bis die Situation für sie zu gefährlich wird und sie ihr Heimatland verlassen muss. Sie flieht nach Europa, sucht Asyl in Österreich und baut sich dort ein neues Leben auf. Ihrer Heimat in Nigeria fühlt sie sich aber auch heute noch stark verbunden.

Was bedeutet es, als lesbische Frau in Nigeria aufzuwachsen? „Das hängt vor allem von deinem Status in der Gesellschaft ab. Je höher dein gesellschaftlicher Status ist, desto mehr Freiheiten hast du", erklärt Henrie Dennis. Aber letztlich kann zu viel Offenheit für jede lesbische Frau gefährlich werden. Homosexualität ist in Nigeria illegal und wird in christlichen Staaten mit 14 Jahren Freiheitsstrafe sanktioniert, in muslimischen Staaten unterliegt Homosexualität sogar der Todesstrafe. Henrie Dennis ist jung, sehr jung, als sie Zugang zur queeren Com-

munity sucht. Sie wird Mitglied im *House of Rainbow*, einer Kirche in Lagos. Die Kirche, unter der Leitung des schwulen Priesters Jide Macaulay, ist allerdings keine gewöhnliche Kirche. Sie ist vielmehr ein Treffpunkt und Schutzraum für die queere Bevölkerung vor Ort. Zu diesem Zeitpunkt macht sich Henrie Dennis keine allzu großen Sorgen darüber, wie gefährlich diese Form des Aktivismus in Nigeria ist. Sie studiert Sozialwissenschaften und geht zu den regelmäßigen Veranstaltungen im *House of Rainbow*.
Bis sich im September 2008 ihr Leben grundlegend verändert. Eine Frau, die vorgibt, lesbisch zu sein, schleust sich in die Gemeinschaft ein. In Wirklichkeit sammelt sie jedoch Informationen für die Presse. In vier verschiedenen Zeitungen werden schließlich die Namen, Adressen und Fotos der zwölf Mitglieder des *House of Rainbow* veröffentlicht. Viele von ihnen werden daraufhin bedroht und brutal attackiert. Die Situation wird lebensbedrohlich, auch für Henrie Dennis. Sie sieht keinen anderen Ausweg mehr, als ihr Land zu verlassen und in einem LGBT+ freundlicheren Land Schutz zu suchen.

Im November 2008 kommt Henrie Dennis als Asylsuchende nach Österreich. Während sie sich in Nigeria vor allem darüber Gedanken machte, an welchen geschützten Orten sie andere lesbische Frauen treffen kann, muss sie von nun an vor allem gegen rassistische Vorurteile ankämpfen. Auf lesbischen Partys in Wien ist sie häufig die einzige afrikanische Frau. Sie fühlt sich einsam und fremd in ihrer neuen Umgebung. Daher sucht sie Anschluss zu anderen afrikanischen lesbischen Frauen in Wien und stellt schnell fest, dass es ihnen ähnlich ergeht. Nach und nach entsteht die Idee für *Afro Rainbow Austria* (kurz: ARA). Für ihre Idee sucht sie Räumlichkeiten und wird fündig bei *Planet 10*, einem Projekt in Wien, das sich zum Ziel gesetzt hat, gesellschaftliche Privilegien umzuverteilen.

Das Konzept von ARA ist zunächst unpolitisch. Es geht darum, Spaß zu haben, gemeinsam zu kochen und Partys zu feiern. Doch nach einer gewissen Zeit reicht das Henrie Dennis nicht mehr aus. Daher lässt sie im September 2017 ARA offiziell als Kulturverein registrieren. „Unser Hauptziel ist es, eine starke Gemeinschaft zu haben, die es Menschen in erster Linie ermöglicht zu existieren. Und dass wir ein starkes Netzwerk aufbauen, in dem wir uns gegenseitig unterstützen können", beschreibt Henrie Dennis das einzigartige Konzept hinter ARA. Einmal im Monat treffen sich die Mitglieder von ARA, um sich gegenseitig auszutauschen, Veranstaltungen zu planen und neue Menschen willkommen zu heißen. Darüber hinaus bietet ARA Rechtshilfe und Beratung in Asylfragen an. Einmal in der Woche findet außerdem eine offene Küche statt, bei der alle Menschen willkommen sind. Die Idee dahinter ist, eine Kultur der Offenheit zu leben und einen Raum für Begegnungen zu schaffen. ARA setzt sich allerdings nicht nur für die queere afrikanische Community in Österreich ein, sondern kämpft auch für bessere Lebensbedingungen von LGBT+ Menschen in afrikanischen Ländern. Mit *ARA Outreach Nigeria* ist der Verein auch mit Nigeria vernetzt.

Henrie Dennis engagiert sich neben ARA ebenfalls aktiv in vielen anderen gesellschaftlichen Bereichen. Sie arbeitet mehrere Jahre ehrenamtlich beim Wiener Roten Kreuz. Sie ist längere Zeit Mitarbeiterin bei der *Interventionsstelle für Betroffene des Frauenhandels*. Außerdem arbeitet sie als Trainerin für *Selbstlaut*, einer Fachstelle gegen sexualisierte Gewalt an Kindern und Jugendlichen. Sie ist auch überzeugte No-Border-Aktivistin. Zuletzt demonstrierte sie am Wiener Flughafen gegen die Deportation von Geflüchteten.

2018 veröffentlicht Henrie Dennis gemeinsam mit drei weiteren Autorinnen das deutsch-englische Kinderbuch *Ein bisschen wie du / A little like you*. Dort geht es darum, wie es ist, als Kind zwischen verschiede-

nen Kulturen aufzuwachsen. Das Buch erhält mehrere Auszeichnungen, unter anderem den Österreichischen Kinderbuchpreis 2019.
Neben ihrem großen politischen und sozialen Engagement arbeitet Henrie Dennis längere Zeit als U-Bahnfahrerin in Wien. Dort ist sie die erste Afrikanerin und bricht damit ein weiteres Rollenklischee auf. Danach arbeitet sie als künstlerische Leiterin für WIENWOCHE, einem Wiener Festival, das Kunst mit Aktivismus verbindet. Parallel dazu hat sie mit einem neuen Studium begonnen. Sie studiert Conceptual Arts in Wien.

Henrie Dennis schaut auch dorthin, wo andere gerne wegschauen. Sie spricht offen an, was sie stört, und setzt sich entschlossen für eine gerechtere Gesellschaft ein. Sie ist damit ein bedeutendes Role Model für lesbische Sichtbarkeit und für mehr Akzeptanz der queeren afrikanischen Bevölkerung.

IMKE
DUPLITZER

*„Ich bin unbequem,
das sagen zumindest die
Sportfunktionäre des
organisierten Leistungssports
über mich. Und warum?
Weil ich nicht müde werde,
immer wieder anzumahnen in
diesen ganzen Institutionen:
Menschenrechte, demokratische
Standards und das Beenden
von dieser permanenten
Homophobie, unter der ich
selber auch immer
wieder leide.“*

IMKE DUPLITZER

GEBOREN AM 28. JULI 1975
IN KARLSRUHE, DEUTSCHLAND

ZWEIFACHE EUROPAMEISTERIN IM DEGENFECHTEN, EHEMALIGE SPORTSOLDATIN, COACH

Imke Duplitzer ist bekannt für ihre klare Haltung und ihre deutlichen Worte. Damit eckt sie an innerhalb des Leistungssports.

Als Imke Duplitzer neun Jahre alt ist, bringt ihr Onkel eine Videokassette mit, auf der die Olympischen Spiele 1984 von Los Angeles aufgezeichnet sind. Sie ist fasziniert von der Weltmeisterin im Florettfechten Cornelia Hanisch. Von diesem Moment an will sie selbst Fechten lernen. Sie hat Glück, denn zwei Jahre später zieht ihre Familie nach Heidenheim, einem der drei großen Zentren des deutschen Fechtsports. Mit elf Jahren beginnt sie das Training im Degenfechten.
Fechten ist ein taktisch-strategischer Kampfsport, der ein hohes Maß an Selbstdisziplin, logischem Denken und Koordinationsfähigkeit voraussetzt. Genau das reizt Imke Duplitzer an dieser anspruchsvollen und hochkomplexen Sportart. 1996 erfüllt sie sich ihren lang ersehnten Traum und nimmt mit 20 Jahren zum ersten Mal an den Olympischen

Sommerspielen in Atlanta teil. Von nun an tritt sie regelmäßig bei den Olympischen Spielen an. Inzwischen ist sie Vize-Weltmeisterin, zweifache Europameisterin und neunfache Deutschlandmeisterin.
Doch sosehr Imke Duplitzer ihren Sport auch liebt, sosehr kritisiert sie das dahinterstehende System. Sie beanstandet die zunehmende Sexualisierung des Profisports, die anhaltende Homophobie und die unpolitische Haltung des Deutschen Olympischen Sportbundes. Bei den Olympischen Spielen 2008 in Peking boykottiert sie die Eröffnungsfeier. Sie kritisiert die vorherrschende Diktatur in China und die Missachtung der Menschenrechte in Tibet. 2014 ist sie Mitunterzeichnerin der *Principle-6-Kampagne*, die im Rahmen der Olympischen Spiele in Sochi initiiert wird. Die Kampagne ist ein Protest gegen die russischen Anti-Homosexuellen-Gesetze, die im Widerspruch zur Olympischen Bewegung stehen.
Nur wenige Athlet*innen lehnen sich gegen das System des Profisports auf. Imke Duplitzer muss für ihre Haltung aber auch ihren Preis zahlen. Im Gegensatz zu anderen Kolleg*innen erhält sie nie einen Einzelsponsorenvertrag oder eine Position beim Deutschen Olympischen Sportbund. Stattdessen kämpft sie lieber für die Einhaltung der Menschenrechte und dafür, dass die Athlet*innen bei den Olympischen Spielen wieder im Vordergrund stehen.
Neben dem Leistungssport trainiert Imke Duplitzer junge angehende Fechter*innen und ist mehrere Jahre Sportsoldatin bei der Bundeswehr. Seit April 2020 arbeitet sie nun freiberuflich als Coach. Mit einer Kombination aus physischer und psychischer Betreuung bietet sie als angehende Psychologin ein Programm zum Empowerment von Frauen an.

Imke Duplitzer hat gelernt, sich zu behaupten und durchzusetzen – nicht nur im Wettkampf. Sie ist ein großartiges Role Model für mehr lesbische Sichtbarkeit im Sport: unangepasst, rebellisch, stark und selbstbewusst!

KAREN-SUSAN
FESSEL

„Das Leben ist nicht immer lustig und leicht. Aber Bücher lesen kann helfen. Und wenn eines meiner Bücher auch nur einen einzigen Menschen tröstet, ihm Mut oder Freude macht oder hilft, andere Menschen besser zu verstehen, dann hat sich für mich das ganze Schreiben schon gelohnt!“

KAREN-SUSAN FESSEL

GEBOREN AM 15. DEZEMBER 1964
IN LÜBECK, DEUTSCHLAND

SCHRIFTSTELLERIN

Mit ihren gesellschaftsrelevanten Themen erreicht und berührt Karen-Susan Fessel schon seit vielen Jahren unzählige Menschen. Ihre Bücher regen zum Nachdenken an, zeigen eine Vielfalt an unterschiedlichen Lebensrealitäten auf und bauen damit Vorurteile ab.

Als Karen-Susan Fessel fünf Jahre alt ist, nervt sie ihre älteren Geschwister so lange, bis diese ihr das Lesen beibringen. Seitdem legt sie kein Buch mehr ungelesen aus der Hand. Sie ist fasziniert von der neuen Welt, die sich ihr beim Lesen eröffnet. Ab diesem Moment steht für sie der Wunsch fest, selbst einmal Schriftstellerin zu werden.
Nach dem Abitur studiert Karen-Susan Fessel in Berlin Theaterwissenschaften, Germanistik und Französisch und hospitiert beim Ostdeutschen Rundfunk Brandenburg. 1993 macht sie sich schließlich als freie Schriftstellerin und Journalistin selbstständig. Sie schreibt ihren ersten Roman und reicht das Manuskript bei zehn Verlagen ein. Bereits vom

dritten erhält sie eine Zusage. In den darauffolgenden Jahren veröffentlicht sie weitere Romane, in denen Lesben und andere Personen aus dem LGBT+ Spektrum meist im Mittelpunkt stehen, darunter den Lesbenklassiker *Bilder von ihr.* Sie will aber zukünftig nicht nur für Erwachsene schreiben, sondern auch Kinder und Jugendliche mit ihren Geschichten erreichen. Mit *Ein Stern namens Mama* veröffentlicht sie 1999 ihr erstes Kinderbuch, das mittlerweile zu ihren bekanntesten zählt. Darin beschreibt sie die Situation eines kleinen Mädchens, dessen Mutter an Krebs erkrankt und letztlich stirbt.
In ihren Büchern schreibt Karen-Susan Fessel gerne über unbequeme und schwierige Themen wie Tod, Krankheit oder Außenseiter*innenrollen. Ihre Romane sind allerdings nie düster, sondern eröffnen den Lesenden immer neue Perspektiven und geben Hoffnung. Als Kinder- und Jugendbuchautorin ist es ihr besonders wichtig, an bestimmte Themen heranzuführen und Mut zu machen. Sie will mit ihren Büchern die unterschiedlichen Facetten des Lebens abbilden. Dabei bricht sie immer wieder mit gesellschaftlichen Tabus.
Inzwischen hat Karen-Susan Fessel über 40 Bücher veröffentlicht, von denen vor allem die Kinder- und Jugendbücher vielfach ausgezeichnet und übersetzt wurden. Neben ihrer Arbeit als Schriftstellerin ist sie auch als Dozentin für Schreibseminare tätig und arbeitet freiberuflich als Lektorin. Für ihre Literatur und das damit verbundene gesellschaftspolitische Engagement erhält sie 2020 das Bundesverdienstkreuz am Bande.

Karen-Susan Fessel gibt mit ihren Geschichten LGBT+ Personen eine Stimme und ein Gesicht. Sie leistet damit einen entscheidenden Beitrag zu mehr Sichtbarkeit und Akzeptanz von Lesben.

SIGRID
GRAJEK

*„Meine heimliche
Aufgabe ist es,
Verbindungen zu schaffen,
die sonst nicht zustande
kommen. Und das freut
mich immer sehr, wenn
das gelingt. Wenn man
zusammen über etwas lacht,
ist man sich nicht
mehr so fern."*

SIGRID GRAJEK

GEBOREN AM 31. MAI 1963
IN LÜNEN, DEUTSCHLAND

SCHAUSPIELERIN, KABARETTISTIN

Sigrid Grajek hat ihren Wunsch, Schauspielerin zu werden, zielstrebig verfolgt und am Kabarett schließlich ihr Zuhause gefunden.

Sigrid Grajek beginnt mit 18 Jahren als Akkordarbeiterin in der metallverarbeitenden Industrie, abends holt sie ihr 10. Schuljahr nach. Sie hat ein klares Ziel: Sie will in Berlin ihr Abitur machen und Schauspielerin werden. 1983 kommt sie nach Berlin und arbeitet weitere zwei Jahre als Platinenlöterin bei Siemens. Danach geht sie ans Berlin Kolleg und schließt mit dem Abitur ab. Parallel zur Schule arbeitet sie bis 1991 in der Theatermanufaktur am Halleschen Ufer als Regieassistentin mit Spielverpflichtung. Anfang der 90er Jahre macht sie zusätzlich eine einjährige Schauspielausbildung. Im Zuge dessen arbeitet sie mit Schauspieler*innen vom Deutschen Theater zusammen und legt schließlich ihre Bühnenreifeprüfung vor der Paritätischen Prüfungskommission Berlin ab.

Nach ihrer Ausbildung arbeitet Sigrid Grajek als Regieassistentin bei den Berliner Jedermann-Festspielen und spielt als Gast im Stadttheater Bremerhaven mit. In der freien Szene tut sie sich allerdings schwer, Rollen zu bekommen. Egal, was sie tut, sie wird fast immer für einen Mann gehalten und somit als ungeeignet für weibliche Figuren. Der Leiter des Kabarett Berliner Brett'l, Michael W. Hansen, erkennt ihr Problem und holt sie ins Kabarett. Von 1995 bis 2011 ist sie dort Ensemble-Mitglied. Ende der 90er Jahre entsteht eher zufällig ihre Bühnenfigur Coco Lorès. Das Theater Schalotte fragt Sigrid Grajek gemeinsam mit einer Pianistin für seine 18. Jubiläumsgala an. Diese schreiben daraufhin drei Kabarettstücke, ziehen sich komische Kostüme an und erfinden die Figuren Pia Noforte und Coco Lorès. Die Schalotte will mehr davon sehen, woraufhin ein ganzes Bühnenprogramm entsteht: *Mit Ton und Takt aus dem Jahrtausend* feiert 1999 Premiere. Danach moderiert Coco Lorès verschiedene Veranstaltungen und ist ab 2005 mit ihrem Solo-Programm *Cocooning* unterwegs.
Anlässlich des 50. Todestages von Claire Waldoff im Jahr 2007 konzipiert Sigrid Grajek ein ganz besonderes Bühnenprogramm. Sie will die großartige lesbische Sängerin der 20er Jahre wieder in Erinnerung rufen und reist mit ihrem Programm *Claire Waldoff: Ich will aber gerade vom Leben singen ...* durch die Bundesrepublik. Claire Waldoff brach schon damals auf der Bühne mit Tabus und trat gerne in Herrenanzug mit Krawatte auf. Sie wusste es, Zensur gekonnt zu umgehen und dabei stets authentisch zu bleiben. Genau das fasziniert Sigrid Grajek so sehr an der Künstlerin.

Sigrid Grajek hat trotz vieler Widrigkeiten ihren Platz in der Kabarettszene gefunden. Mit ihrer Inszenierung zu Claire Waldoff schafft sie Erinnerungskultur und sorgt dafür, dass die lesbische Ikone der 20er Jahre nicht in Vergessenheit gerät.

CHRISTINA
HECKE

„Ich glaube, im Leben kommen immer drei Dinge zusammen: der Zeitpunkt, die Umstände und die eigene Bereitschaft, etwas zu verändern. Wenn diese drei kulminieren, kommt der Moment, in dem ich sage: Und jetzt!“

CHRISTINA HECKE

GEBOREN AM 22. FEBRUAR 1979,
AUFGEWACHSEN IN NIEDERNHAUSEN, DEUTSCHLAND

SCHAUSPIELERIN

Christina Hecke hat in ihrem Leben gelernt, auf ihr Gefühl zu vertrauen. Dieses bringt sie zur Schauspielerei und nach einem schweren Unfall auch zu einer neuen Sicht auf die Dinge.

Christina Hecke studiert acht Semester Jura, bis sie ihrer Intuition folgt und 2003 an die Schauspielschule Mainz geht. Danach wird sie Ensemblemitglied am ETA Hoffmann Theater Bamberg.
Bis zu diesem Zeitpunkt geht Christina Hecke in ihrem Leben gerne an ihre Grenzen bzw. auch darüber hinaus. Das ändert sich jedoch im Dezember 2007, als sie nach einem schweren Autounfall fast ums Leben kommt. Bei hoher Geschwindigkeit verliert sie auf der Autobahn die Kontrolle über ihr Fahrzeug, weil ihr ein anderes Auto die Vorfahrt nimmt. Sie hat großes Glück und überlebt den Unfall. Dieses Ereignis und ihre damit zusammenhängende Nahtoderfahrung bringt sie dabei zu der wichtigen Erkenntnis, dass alles mit allem verbunden ist. Sie ver-

ändert ihre Lebenseinstellung radikal und lebt von nun an bewusster, achtsamer, präsenter.
Auch die nächsten Jahre noch spielt Christina Hecke weiter am Stadttheater Bamberg. Bald schon zieht es sie jedoch vor die Kamera. 2009 ist sie in *Pink* zum ersten Mal auf der Kinoleinwand zu sehen. Fortan spielt sie in diversen Filmen und Serien mit. 2014 ist sie bei Dreharbeiten für den Film *Collide* (deutscher Titel: *Achterbahn*) auch in Hollywood.
Geschätzt wird an Christina Hecke vor allem ihre transparente, offene und authentische Art. Wenn eine Figur nicht ihren Überzeugungen entspricht, lehnt sie eine Rolle auch schon einmal ab. In der Serie *Ein Fall für zwei* ist sie 2014 für die Figur der Staatsanwältin Connie Leinfelder vorgesehen. Da diese im Drehbuch allerdings tradierte Rollenklischees verkörpert, zieht Christina Hecke es vor, aus dem Projekt auszusteigen. Ihre Standhaftigkeit zahlt sich aus. Sie erhält das Angebot, die Szenen zu ihrer Figur so umzuschreiben, dass ein selbstbewusstes Frauenbild vermittelt wird. Auch weiterhin ist sie als Schauspielerin sehr gefragt. Seit 2017 spielt sie für die im Saarland verortete ZDF-Krimireihe *In Wahrheit* die Kommissarin Judith Mohn.
Seit einiger Zeit bietet Christina Hecke mit der *Hecke-Methode: Truth in Acting* ebenfalls mehrtägige Schauspiel-Intensivworkshops an. Gemeinsam mit ihrer Frau, Steffi Henn, macht sie seit Neuestem außerdem Musik. 2019 veröffentlichen sie ihr Album *More than Human*. „Ich stehe für die Gleichheit jeder Liebesbeziehung und lebe dieses Selbstverständnis auch in meiner Ehe“, so die Schauspielerin. 2020 erscheint zusätzlich ihre Biographie *Mal ehrlich – Mein Blick hinter unser Leben*.

Christina Hecke ist eine vielseitige Schauspielerin und überzeugt die Zuschauer*innen vor allem mit ihrer Ehrlichkeit, ihrer Natürlichkeit und ihrer Standhaftigkeit.

MAREN
HELTSCHE

„Man kann
im Kleinen etwas
verändern, aber man
muss auch im Großen
etwas verändern, denn
ansonsten kämpft man
immer wieder gegen
Windmühlen."

MAREN HELTSCHE

GEBOREN AM 24. OKTOBER 1977,
AUFGEWACHSEN IN DER NÄHE VON KOBLENZ, DEUTSCHLAND

PROGRAMMIERERIN, MITGRÜNDERIN DER PLATTFORM SPEAKERINNEN.ORG

Maren Heltsche setzt sich im Kleinen wie im Großen für Geschlechterdiversität ein. Ihr starkes Netzwerk hilft ihr dabei, sich mit 40 Jahren beruflich neu zu orientieren.

Maren Heltsche studiert in Münster und Berlin Kommunikationswissenschaft, Politik und VWL. Nach dem Studium beginnt sie, als Datenanalystin für ein mittelständisches Unternehmen in Berlin zu arbeiten. Bald schon leitet sie dort eine Abteilung mit eigenem Produktbereich. Sie hat zu Beginn viele Möglichkeiten, sich weiterzuentwickeln. Nach ungefähr zehn Jahren hat Maren Heltsche jedoch das Gefühl, in ihrem aktuellen Beruf festzustecken. Sie fängt an, sich stärker mit anderen Frauen aus der Digitalbranche zu vernetzen, und lernt eine der Gründerinnen der *Digital Media Women* (kurz: DMW) aus Hamburg kennen. Kurz darauf stellt sie gemeinsam mit anderen Frauen eine DMW Gruppe in Berlin auf die Beine.

Ihr neues Netzwerk gibt Maren Heltsche 2012 den Anstoß, den Sprung in die Selbstständigkeit zu wagen. Von nun an arbeitet sie als freischaffende Datenanalystin. Ihre freie Zeit nutzt sie, um viele neue Dinge auszuprobieren. Gemeinsam mit Freunden gründet sie 2013 das unabhängige Lifestyle- und Gesellschaftsmagazin *Rosegarden*. Da sie es jedoch nicht schaffen, das Magazin langfristig zu finanzieren, stellen sie 2018 schweren Herzens die Produktion wieder ein. Darüber hinaus lernt Maren Heltsche in ihrer Freizeit Programmieren. Über Twitter erfährt sie von der Initiative *Rails Girls*: eine internationale Open-Source-Initiative, die es Frauen über Workshops ermöglichen will, sich mit Programmierung auseinanderzusetzen. Gemeinsam mit ihrer Lerngruppe in Berlin entwickelt Maren Heltsche die Datenbank *Speakerinnen.org*, die 2014 online geht. Dort kann sich jede Frau als Expertin für ein bestimmtes Themenfeld registrieren. Ziel der Plattform ist es, mehr Frauen auf Konferenzen und in den Medien sichtbar zu machen.
Mit der Zeit wird Maren Heltsche immer stärker bewusst, dass sie auch hauptberuflich als Programmiererin arbeiten will. Mit dem Wunsch, sich mit 40 Jahren beruflich umzuorientieren, gehen aber auch viele Unsicherheiten einher. Dank der Unterstützung ihres Netzwerks wagt sie jedoch diesen Neuanfang. Seit 2018 ist sie Webentwicklerin bei einer Klimaschutzstiftung in Berlin und mit dieser Entscheidung mehr als zufrieden. Als Programmiererin beschäftigt sich Maren Heltsche zunehmend damit, wie die digitale Transformation geschlechtergerecht gestaltet werden kann. Seit 2019 setzt sie sich als Sonderbeauftragte des Vorstands des Deutschen Frauenrats für dieses Thema ein.

Maren Heltsche hat es geschafft, sich in einer männerdominierten Berufswelt durchzusetzen und ein starkes Netzwerk in der Digitalbranche aufzubauen. Sie leistet mit ihrer Arbeit einen wichtigen Beitrag zur Geschlechtergerechtigkeit und zu mehr Sichtbarkeit von Frauen.

BARBARA
HENDRICKS

*„Da, wo ich
arbeite, da liefere
ich eben anständige
Arbeit ab. Dazu gehört
ein richtiges Engagement
und natürlich auch
eine Durchdringung
der Themen.“*

BARBARA HENDRICKS

GEBOREN AM 29. APRIL 1952
IN KLEVE, DEUTSCHLAND

POLITIKERIN, BUNDESMINISTERIN FÜR UMWELT, NATURSCHUTZ, BAU UND REAKTORSICHERHEIT A. D.

Barbara Hendricks ist die erste offen lesbische Ministerin Deutschlands. Ihre Politik zeichnet sich aus durch ihre sachliche, kompetente und verlässliche Art.

Barbara Hendricks studiert in Bonn Geschichte sowie Sozialwissenschaften und promoviert im Anschluss. Bereits im Alter von 19 Jahren tritt sie in die SPD ein. Die Partei ist zum damaligen Zeitpunkt sehr stark geprägt von Willy Brandt und seiner europäischen Friedenspolitik. Es herrscht allgemein politische Aufbruchstimmung.
1978 wird Barbara Hendricks Referentin in der Pressestelle der SPD-Bundestagsfraktion. Drei Jahre später erhält sie eine Stelle im nordrhein-westfälischen Landesministerium für Finanzen. Dort ist sie die jüngste Referatsleiterin und zudem die einzige Frau in dieser Funktion. Neun Jahre lang bleibt sie Sprecherin des damaligen Finanzministers – eine für sie prägende und lehrreiche Zeit. Ab 1991 ist sie Ministerial-

rätin und Referatsleiterin für grenzüberschreitende Planungen im Ministerium für Umwelt, Raumordnung und Landwirtschaft des Landes Nordrhein-Westfalen.
1994 wird Barbara Hendricks schließlich zum ersten Mal in den Deutschen Bundestag gewählt. Als Politikerin treibt sie vor allem das Thema Gerechtigkeit an. Ab 1998 ist sie Parlamentarische Staatssekretärin beim Bundesminister der Finanzen und bringt in dieser Funktion gleich zwei zentrale politische Maßnahmen mit auf den Weg: die ökologische Steuerreform sowie den Solidarpakt II. Von 2013 bis 2018 ist Barbara Hendricks schließlich Bundesministerin für Umwelt, Naturschutz, Bau und Reaktorsicherheit. Schnell und zuverlässig arbeitet sie sich auch in dieses für sie neue politische Themengebiet ein. Ein Meilenstein in ihrer politischen Laufbahn ist das Zustandekommen des Pariser Klimaabkommens, das sie 2016 im Namen der BRD bei den Vereinten Nationen in New York unterzeichnet. Natur- und Artenschutz sind ihr schon immer wichtige Anliegen. Seit vielen Jahren macht sie sich unter anderem auch gegen die Verwendung von Glyphosat stark.
Seit 2018 ist Barbara Hendricks nun Ordentliches Mitglied im Auswärtigen Ausschuss und Ordentliches Mitglied im Unterausschuss Auswärtige Kultur- und Bildungspolitik. In der kommenden Legislaturperiode tritt sie allerdings nicht mehr als Abgeordnete an. Ihre freie Zeit will sie nutzen, um sich wieder vermehrt ehrenamtlich zu engagieren. Sie ist unter anderem im Stiftungsrat der *Deutschen Stiftung Denkmalschutz* sowie im Aufsichtsrat der Katholischen Kliniken in Kleve. Ihrem Heimatort fühlt sie sich auch heute noch stark verbunden.

Barbara Hendricks will mit ihrer geradlinigen und zielgerichteten Politik nachhaltig und langfristig etwas verändern. Mit ihrem offenen Lesbischsein setzt sie außerdem ein wichtiges Zeichen für mehr lesbische Sichtbarkeit.

ELISABETH
HOLZLEITHNER

„Ich gehe davon aus, dass die Gesellschaft nicht geschlechtergerecht ist, daher brauche ich Wissen, wie Recht emanzipatorisch eingesetzt werden kann."

ELISABETH HOLZLEITHNER

GEBOREN AM 8. JUNI 1970
IN BADEN BEI WIEN, ÖSTERREICH

JURISTIN, PROFESSORIN FÜR RECHTSPHILOSOPHIE UND LEGAL GENDER STUDIES AN DER UNIVERSITÄT WIEN

Elisabeth Holzleithner gilt mit ihrer Forschung als eine der führenden Wissenschaftlerinnen auf dem Gebiet der Legal Gender Studies.

Ab 1988 studiert Elisabeth Holzleithner Rechtswissenschaften an der Uni Wien. Ein Jahr später belegt sie zusätzlich Philosophie und Skandinavistik. Zu Beginn betrachtet sie die Juristerei eher als „Verlegenheitsstudium – Etwas, das man studiert, wenn man nicht weiß, was man sonst machen soll." Ihre Meinung ändert sich, als sie den Film *Urteil von Nürnberg* sieht. Das Drehbuch ist an den Nürnberger Juristenprozess von 1947 angelehnt, der sich gegen Richter und hohe Justizbeamte im Nationalsozialismus wendete. Das regt Elisabeth Holzleithner zum Nachdenken an und löst in ihr die Frage aus, wie eine Rechtsordnung so fundamental zusammenbrechen konnte.
Ab den frühen 90er Jahren beschäftigt sich Elisabeth Holzleithner mit den Legal Gender Studies. Diese setzen sich kritisch damit auseinander,

wie das Rechtssystem tradierte Vorstellungen von Geschlecht widergespiegelt und reproduziert. Dabei wird analysiert, welche Rolle die Geschlechtszuschreibung im rechtlichen Diskurs spielte und immer noch spielt. Zu dieser Zeit ist es allerdings noch eher ungewöhnlich, sich mit solchen Fragen auseinanderzusetzen. Auch in ihrer Freizeit ist Elisabeth Holzleithner nun zunehmend aktivistisch unterwegs. Sie engagiert sich u. a. im *Österreichischen Lesben- und Schwulenforum.*
Ab 1991 ist Elisabeth Holzleithner am Institut für Rechtsphilosophie und Rechtstheorie tätig, wo sie auch nach ihrem Magisterabschluss 1993 weiterarbeitet. Von 1994 bis 2001 ist sie Mitglied der Arbeitsgruppe für Gleichbehandlungsfragen im Bundesministerium für Bildung, Wissenschaft und Kultur sowie Vorsitzende des Arbeitskreises für Gleichbehandlungsfragen der Uni Wien. 2000 promoviert sie und erhält ab 2006 eine Assistenzprofessur am Institut für Rechtsphilosophie. Im selben Jahr ist sie zudem Gastprofessorin an der Universität Zürich. 2011 folgt die Habilitation.
Die Themen, zu denen Elisabeth Holzleithner forscht, sind vielseitig und reichen von Pornografie über Queer Theory zu Geschlechtergerechtigkeit. 2014 wird in Wien erstmalig ein Lehrstuhl für Legal Gender Studies eingerichtet, auf den Elisabeth Holzleithner berufen wird. Seitdem ist sie Professorin für Rechtsphilosophie und Legal Gender Studies. Außerdem ist sie Sprecherin der interdisziplinären Forschungsplattform *GAIN – Gender: Ambivalent In_Visibilities* an der Uni Wien sowie Vizestudienprogrammleiterin der Rechtswissenschaftlichen Fakultät. Für ihre feministische Forschung erhält sie u. a. den Frauenring-Preis sowie den Gabriele-Possanner-Staatspreis des Wissenschaftsministeriums.

Elisabeth Holzleithner schafft mit ihrer Forschung schon seit vielen Jahren wichtige Anreize für eine geschlechtergerechte Gesellschaft.

IKA
HÜGEL-
MARSHALL

*„Ich nenne mich
stolz Schwarze,
Afrodeutsche oder
Schwarze Deutsche, auch
wenn es weißen Deutschen,
wie dir zum Beispiel,
nicht gefällt.
Niemand hat das Recht,
mich zu definieren,
außer ich selbst."*

IKA HÜGEL-MARSHALL

GEBOREN AM 13. MÄRZ 1947
IN ROTH BEI NÜRNBERG, DEUTSCHLAND

AFRODEUTSCHE AKTIVISTIN, SOZIALPÄDAGOGIN, AUTORIN, KÜNSTLERIN

Bereits als Kind bekommt Ika Hügel-Marshall zu spüren, was es bedeutet, eine Außenseiterin zu sein. Sie findet trotz aller Widerstände ihren Weg und wird zu einer starken und wichtigen Stimme der Schwarzen Frauenbewegung in Deutschland.

Erika „Ika" Hügel-Marshall kommt als Tochter einer weißen Mutter und eines afroamerikanischen Soldaten in Bayern zur Welt. Ihren Vater, der bereits vor ihrer Geburt in die USA zurückkehrt, lernt sie erst Jahrzehnte später kennen. Die damalige Gesetzeslage sieht vor, dass das Jugendamt die Vormundschaft nichtehelicher Kinder übernimmt. Gegen den Willen ihrer Mutter wird sie daher im Alter von fünf Jahren in ein Kinderheim geschickt. Als einziges Schwarzes Mädchen bekommt sie dort sehr schnell das volle Ausmaß an Rassismus und Fremdenhass der Nachkriegsjahre zu spüren. All ihre grauenhaften Erlebnisse verarbeitet sie viele Jahre später in ihrer Biographie *Daheim unterwegs. Ein deutsches Leben.*

Trotz ihrer guten Schulleistungen und ihres Wunsches, aufs Gymnasium zu gehen und Lehrerin zu werden, bleibt Ika Hügel-Marshall diese Möglichkeit verwehrt. Daher macht sie nach ihrer mittleren Reife eine Ausbildung zur Erzieherin und arbeitet mehrere Jahre in einem Kinderheim in Frankfurt am Main. Parallel dazu macht sie einen Abschluss in Sozialpädagogik. Zur selben Zeit wird sie auch in der Frauenbewegung aktiv. Als einzige Schwarze Frau fühlt sie sich aber auch dort nicht wirklich zugehörig.
Es dauert viele Jahre, bis Ika Hügel-Marshall ihre Identität als Schwarze Frau annehmen und stolz nach außen tragen kann. Im Alter von 39 Jahren sucht sie erstmals Anschluss zu Gleichgesinnten. Sie wird Aktivistin in der Organisation ADEFRA, die sich für die Bewegung afrodeutscher Frauen einsetzt. Eine weitere Schlüsselrolle in ihrem Leben spielt die Suche nach ihrem leiblichen Vater in den USA. Diese Suche, die sie bereits im Alter von 18 Jahren beginnt, bleibt jahrzehntelang erfolglos. Durch ihre Unnachgiebigkeit und die Unterstützung ihres neuen Netzwerks gelingt es ihr jedoch im Alter von 46 Jahren, ihren Vater und seine Familie in Chicago endlich kennenzulernen. Dort wird sie sehr herzlich aufgenommen und kann somit auch zu innerem Frieden mit sich selbst finden.
Seit 1990 lebt Ika Hügel-Marshall in Berlin. Sie arbeitet mehrere Jahre als Lehrbeauftragte für Gender Studies an der Alice-Salomon-Fachhochschule Berlin. Außerdem ist sie psychologische Beraterin mit interkulturellem Schwerpunkt. Als Autorin hat sie bereits mehrere Artikel und Bücher veröffentlicht. Darüber hinaus arbeitet sie als Künstlerin und fertigt Farbgrafiken und Holzskulpturen an.

Ika Hügel-Marshall ist ein zentrales Role Model für die Schwarze Frauen- und Lesbenbewegung in Deutschland. Entschlossen und unnachgiebig setzt sie sich für eine gerechtere Gesellschaft ein.

İPEK
İPEKÇIOĞLU

„Früher war ich lesbische feministische Migrantin der zweiten Generation aus der Türkei. Jetzt bin ich İpek."

İPEK İPEKÇIOĞLU

GEBOREN AM 10. MAI 1972,
AUFGEWACHSEN IN BERLIN, DEUTSCHLAND

**DJ, MUSIKPRODUZENTIN,
KURATORIN, KULTURAKTIVISTIN**

Über Nacht wird İpek İpekçioğlu als DJ İpek in der queeren Berliner Szene bekannt und ist inzwischen mit ihrem einzigartigen Musikstil auf der ganzen Welt gefragt. Als Kulturaktivistin setzt sie sich für mehr Sichtbarkeit von LGBTQ+ Menschen mit Migrationshintergrund ein.

İpek wächst als türkeistämmige Migrantin der zweiten Generation bei ihrer feministischen, liberalen, alleinerziehenden Mutter auf. Ihre Grundschuljahre verbringt sie zwischen Berlin und Izmir, bis sie mit 10 Jahren endgültig in Berlin ankommt. Mit 18 Jahren geht sie als Au Pair nach London. Dort fasst sie den Entschluss, doch nach Deutschland zu re-immigrieren und ihr Fachabitur nachzuholen. Sie studiert in Berlin Sozialpädagogik und schreibt 1997 ihre Diplomarbeit *Lesbisch sein; Türkisch sein – Ein Widerspruch?* Damit ist sie weltweit die Erste, die sich wissenschaftlich mit lesbischen Immigrantinnen aus der Türkei befasst. 1992 gründet sie außerdem eine *Lesben aus der Türkei*-Gruppe

in Berlin, um sich mit anderen über ihre Erfahrungen auszutauschen und sich zu empowern.
In ihrer Freizeit ist İpek viel im Berliner Nachtleben unterwegs. Richard Stein vom Szene-Club SO36 spricht sie 1994 auf einer Party an: „Bist du lesbisch? Bist du türkisch? Wir haben in drei Tagen unsere erste queere Orient-Morgenland-Schleiertanz-Party und keinen türkischen DJ. Magst du nicht auflegen?" İpek hat zu diesem Zeitpunkt noch keinerlei Erfahrung als DJ. Auf der Party bekommt sie im Schnelldurchlauf einen DJ-Kurs und ist dann auf sich allein gestellt. Die Musik läuft bis in die frühen Morgenstunden und İpek wird bald für weitere queere Partys angefragt. Inzwischen legt sie weltweit in Clubs auf und kuratiert internationale Festivals. 2006 erscheint ihr erstes Album *Beyond Istanbul* bei Trikont. Ihr Stil spiegelt eine Vielfalt verschiedener musikalischer Genres und Kulturkreise wider. Auf der *Gayhane-HomOriental Dancefloor* im SO36 legt İpek jetzt seit über 20 Jahren als Resident-DJ auf.
İpek sieht ihre gesellschaftliche Verantwortung darin, mit ihrer Arbeit auch immer Sozialkritik und Queer-Aktivismus zu betreiben. Sie setzt auf Kultur- und Geschlechtervielfalt und baut Themen wie Gender, Migration, Rassismus und Mehrfachdiskriminierung in ihrem künstlerischen Schaffen ein. 1995 gründet sie die erste Lesbengruppe in Istanbul, 2003 ist sie Mitgründerin des Vereins *Gays & Lesbians aus der Türkei* in Berlin. Darüber hinaus schreibt sie Beiträge über Migration und LGBTQ+ und gibt weltweit Diversity- und DJ-Workshops. 2018 wird İpek mit dem ersten Berliner Preis für Lesbische* Sichtbarkeit mitausgezeichnet.

Musik und Politik lassen sich für İpek İpekçioğlu nicht voneinander trennen. Sie setzt mit ihrer Arbeit als DJ und Aktivistin ein wichtiges Zeichen gegen Ausgrenzung und für mehr Akzeptanz von Lesben und queeren Menschen mit Migrationshintergrund.

MANUELA
KAY

„Ich empfinde Pornografie – und das im vollen Bewusstsein als hardcore radikale Feministin – als ein großes befreiendes und sexualaufklärerisches Moment.“

MANUELA KAY

GEBOREN AM 2. APRIL 1964
IN WEST-BERLIN, DEUTSCHLAND

**JOURNALISTIN, AUTORIN,
VERLEGERIN VON L-MAG UND SIEGESSÄULE**

Manuela Kay kämpft schon seit vielen Jahren für mehr Akzeptanz und Sichtbarkeit von Lesben. Die Chefredakteurin und Verlegerin des größten und inzwischen einzigen bundesweiten Lesbenmagazins setzt alles daran, um dieses Ziel auch dauerhaft zu erreichen.

Als Kind will Manuela Kay Astronautin werden. Letztlich entscheidet sie sich doch gegen die Raumfahrt, weil ihr dieser Beruf zu staatstragend erscheint. Zum Journalismus kommt sie eher zufällig. Ohne konkretes Ziel beginnt sie, in Berlin Publizistik und Nordamerikanistik zu studieren. Als sie von *Eldoradio* – Deutschlands erstem schwulen Radioprogramm – erfährt, ist sie auf Anhieb begeistert. Kurzentschlossen ruft sie in der Redaktion an und fragt, ob sie dort auch als Lesbe mitmachen dürfe. Gemeinsam mit ihrer Kollegin Angela Gobelin macht sie bald aus dem schwulen Programm ein schwul-lesbisches. 1987 wird *Eldoradio* Teil des Berliner Privatsenders Radio 100

und Manuela Kay arbeitet fortan als Moderatorin und Redakteurin im Sender mit.
In ihrer journalistischen Arbeit gilt Manuela Kays Interesse vor allem inhaltlichen Debatten. Sie schaut auch dorthin, wo es für andere unbequem wird. Bei einer Berichterstattung über Lesben und HIV bemerkt sie, dass es innerhalb der Lesbenszene kaum Aufklärung zum Thema Safer Sex gibt. Daran will sie etwas ändern und dreht 1992 gemeinsam mit Bekannten den Aufklärungsfilm *Du darfst*. Während der Recherche und den Filmaufführungen wird ihr zusätzlich bewusst, dass sich Lesben generell kaum mit Sexualität beschäftigen und es ihnen sichtlich unangenehm ist, lesbischen Sex auf der Leinwand zu sehen. Das wiederum bringt sie zur Pornografie. Zusammen mit Silke Dunkhorst produziert sie 1994 den Film *Airport*. „Ich dachte, wir müssen uns einfach auch mal angucken können und gucken können: Wie sieht das denn eigentlich aus? Was ist schön? Was törnt uns an? Was für Möglichkeiten gibt's da überhaupt?", sagt Manuela Kay. Im Nachhinein stellen die Macherinnen überrascht fest, dass sie mit *Airport* sogar den ersten deutschen Lesbenporno veröffentlicht haben. Auch später noch ist Manuela Kay an der Produktion weiterer Porno-Kurzfilme beteiligt und veröffentlicht mit Anja Müller das Buch *Schöner Kommen*, ein Ratgeber für lesbische Sexualität.
Neben Radio ist Film ein weiteres Medium, das Manuela Kay begeistert. Als Berichterstatterin für Radio 100 ist sie häufig auf den Internationalen Filmfestspielen Berlin (kurz: Berlinale) unterwegs und sofort fasziniert von diesem Paralleluniversum. Nach dem Ende des Senders Radio 100 beginnt sie ab 1994, bei der Berlinale zu arbeiten. Über zehn Jahre lang ist sie dort in der Panorama-Sektion tätig und unter anderem für den queeren Filmpreis TEDDY AWARD mitverantwortlich. Die Filmszene lässt sie seitdem nicht mehr los. Manuela Kay hält in den nächsten Jahren Vorträge auf verschiedenen inter-

nationalen Filmfestivals und ist in diversen Jurys Mitglied. Seit 2007 ist sie auch Mitorganisatorin und Kuratorin beim PornFilmFestival Berlin.
Aber auch als Journalistin ist Manuela Kay die ganze Zeit über weiterhin aktiv. 1996 wird sie Chefredakteurin der *Siegessäule*. Das Heft, das zuvor noch eine Programmbeilage der bundesweiten Schwulenzeitschrift *Magnus* war, wird in dieser Zeit zu einem eigenständigen Stadtmagazin für Berlin umgestellt. In ihrer Funktion als Chefredakteurin ist Manuela Kay maßgeblich an der Neuausrichtung des Magazins von einem schwulen zu einem schwul-lesbischen Magazin beteiligt. Die *Siegessäule* liegt nun schon seit vielen Jahren kostenlos in der Berliner Szene aus und hat sich zum größten schwul-lesbisch-queeren Stadtmagazin Europas etabliert.
Was zu dieser Zeit allerdings noch fehlt, ist ein bundesweites Magazin für Lesben. Gemeinsam mit dem *Siegessäule*-Team konzipiert Manuela Kay im Jahr 2003 die Zeitschrift *L-MAG*. Zunächst verfolgen sie den Plan, das Magazin – ebenso wie die *Siegessäule* – kostenlos zu verteilen. Das Konzept, das in Berlin super funktioniert, lässt sich allerdings deutschlandweit logistisch nicht bewältigen. Daher entscheiden sie sich nach einem längeren Probelauf, das Heft doch als Kaufzeitschrift anzubieten. Seit 2005 liegt das *L-MAG* im Zeitschriftenhandel aus und feiert im April 2020 bereits die 100. Ausgabe.
Im Jahr 2012 geht der Verleger Reiner Jackwerth, dem unter anderem die Magazine *Siegessäule* und *L-MAG* gehören, in den Ruhestand. Er bietet seine Hefte zum Verkauf an. Manuela Kay ist zunächst skeptisch, die Magazine aufzukaufen und selbst Geschäftsführerin zu werden. Ihre Kollegin Gudrun Fertig, die damals Online-Chefredakteurin im Verlag ist, zeigt sich jedoch auf Anhieb begeistert und überzeugt Manuela Kay von der Idee. Sie gründen gemeinsam den *Special Media SDL Verlag* und kaufen drei Hefte des Verlegers auf: *Siegessäule*, *L-MAG* und

DU&ICH. Das bundesweite Schwulenmagazin *DU&ICH* wird zwei Jahre später allerdings wegen zu geringer Nachfrage eingestellt.
Zum zehnjährigen Jubiläum von *L-MAG* im Jahr 2013 will Manuela Kay etwas ganz Besonders auf die Beine stellen. Anstatt eine Party zu veranstalten, organisiert sie einen Dyke* March in Berlin. Dyke* Marches gibt es zu diesem Zeitpunkt vorwiegend im US-amerikanischen Raum, in Europa hat sich das Konzept allerdings noch nicht wirklich etabliert. Ihr Plan geht auf: Mehrere tausend Menschen finden sich seitdem einmal jährlich auf den Straßen zusammen, um für lesbische Sichtbarkeit zu kämpfen. Inzwischen finden auch in vielen anderen deutschen Städten Dyke* Marches statt.

Manuela Kay prägt die Lesbenszene inner- und außerhalb von Berlin wie kaum eine andere. Sie setzt mit ihrem Aktivismus ein wichtiges Zeichen für mehr lesbische Sichtbarkeit und für einen selbstverständlichen Umgang mit lesbischer Sexualität.

DIANA
KINNERT

„Bekenntnisse zu gleichgeschlechtlicher Liebe, der Respekt für Homosexuelle, die Solidarität mit sämtlichen Minderheiten gehören nicht nur ausgestellt auf Kampagnenplakate oder abgeschoben auf Pride-Festivals und Homo-Bars – sie gehören gelebt, stolz und sicher auf die Straße, in die Öffentlichkeit, in den Mainstream. Erst dann ist Normalität erreicht."

DIANA KINNERT

GEBOREN AM 16. FEBRUAR 1991
IN WUPPERTAL-ELBERFELD, DEUTSCHLAND

POLITIKERIN, GRÜNDERIN, UNTERNEHMERIN

Eine Fahrt mit der Wuppertaler Schwebebahn beschreibt Diana Kinnert als Schlüsselerlebnis, weshalb sie selbst in die Politik gegangen ist. Aus den Fenstern der Bahn erblickt sie leerstehende, marode Fabrikgebäude, lange Schlangen vor der Wuppertaler Tafel, Großfamilien, die im Park grillen, weil sie keinen eigenen Garten besitzen. All das hinterlässt offene Fragen bei ihr und den Drang, selbst aktiv zu werden.

Diana Kinnert wächst als Tochter eines schlesischen Spätaussiedlers und einer philippinischen Migrantin in Wuppertal auf. Bereits im Alter von 17 Jahren tritt sie der CDU bei. Sie ist römisch-katholisch, vertritt bürgerliche Werte und steht einer marktwirtschaftlichen Ordnung nahe. Mit dem Parteiprogramm der CDU identifiziert sie sich trotz vieler Unstimmigkeiten am ehesten. Die ersten Erlebnisse als neues Parteimitglied zeigen jedoch, wie wenig die christlich-demokratischen Parteikollegen auf jemanden wie Diana Kinnert vorbereitet sind. Beim

ersten Stammtisch wird sie gar nicht erst angesprochen. Beim dritten Mal kommt der Vorsitzende auf sie zu und ... bestellt zwei Bier. Eine wie sie kann doch nur Kellnerin sein! Diana Kinnert ist es bereits von klein auf gewohnt, anders zu sein, anzuecken, nicht dazuzugehören. Sei es wegen der etwas dunkleren Hautfarbe, der schwarzen Haare, der Verweigerung, bestimmte Rollenerwartungen zu erfüllen. Sie ist eine junge, selbstbewusste, lesbische Frau mit Migrationshintergrund – ein Novum in einer Traditionspartei wie der CDU.
Diana Kinnert studiert Politikwissenschaft und Philosophie in Göttingen, Amsterdam, Köln und Berlin. Von 2015 bis 2016 leitet sie als jüngste Stabsleiterin in der Geschichte des Deutschen Bundestages das Büro des inzwischen verstorbenen CDU-Politikers und Bundestagsvizepräsidenten Peter Hintze. Eine klassische Politikerinnen-Karriere strebt sie jedoch nicht an. Dafür hält die Welt zu viele Handlungsfelder bereit, die sie neben dem reinen Politikbetrieb interessieren und umtreiben.
2016 gründet Diana Kinnert mit der *newsgreen GmbH* eine Innovationsplattform für grüne Technologie sowie mit der *Globalo News Publishing GmbH* ein Medienunternehmen für politische Dokumentationen. Sie wird Fakultätsmitglied eines europäischen Instituts für exponentielle Technologien und berät Regierungsstellen zu den Themen Inklusion, Urbanisierung, Einsamkeit und Energiewende. 2017 veröffentlicht sie das politische Sachbuch *Für die Zukunft seh' ich schwarz. Plädoyer für einen modernen Konservatismus*. Dort wirbt sie für eine Liberalisierung der CDU als Gegenentwurf zu einem befürchteten Rechtsruck.

Ob als Politikerin, Unternehmerin, Beraterin oder Autorin – Diana Kinnert zeigt, dass es sich lohnt, fernab jeder Rollenzuschreibungen und Erwartungen einen eigenen Weg zu finden und sich nicht von anfänglichen Schwierigkeiten entmutigen zu lassen.

MAREN
KROYMANN

„Ich habe eine gewisse feministische Grundhaltung. Immer. Das ist eben mein Thema. Es geht mir eigentlich immer um das Aufdecken von Stereotypen und das Verändern des Frauenbildes in Richtung Gleichberechtigung."

MAREN KROYMANN

GEBOREN AM 19. JULI 1949,
AUFGEWACHSEN IN TÜBINGEN, DEUTSCHLAND

**SCHAUSPIELERIN,
KABARETTISTIN, SÄNGERIN**

Maren Kroymann nimmt kein Blatt vor den Mund und spricht auch das aus, was andere oft nur denken. Mit ihrer Satiresendung *Kroymann* legt sie den Finger in die Wunde und bringt gesellschaftlich brisante Themen auf ihre ganz besondere Art zur Sprache.

Nach dem Abitur besucht Maren Kroymann ein Jahr lang ein Frauen-College in den USA. Ein für sie wichtiger Schritt, wie sie rückblickend sagt. Dort nimmt sie Schauspielunterricht, lernt Fechten und gewinnt vor allem an Selbstbewusstsein. Wieder zurück in Tübingen studiert sie Anglistik und Romanistik auf Lehramt und spielt nebenbei Theater. Im Zuge eines Studienjahres in Paris politisiert sie sich. Daraufhin zieht sie nach Berlin und engagiert sich in der Studentenbewegung der 70er Jahre. In dieser Zeit beginnt auch ihr feministischer Aktivismus.
1982 hat Maren Kroymann mit *Auf Du und Du mit dem Stöckelschuh* ihr erstes Soloprogramm. Dort gibt sie auf kritisch-humorvolle Weise

das Frauenbild der 50er Jahre wieder. Das Programm erreicht immer mehr Menschen, bis Maren Kroymann schließlich für das Fernsehen entdeckt wird. 1988 spielt sie in der Fernsehserie *Oh Gott, Herr Pfarrer* mit und wird so auch einem breiteren Publikum bekannt.
Nachdem sich Maren Kroymann 1993 im Stern als Lesbe outet, folgt jedoch erst mal eine „Zeit der Stille". Trotz der vorerst ausbleibenden Rollen ist sie froh, diesen Schritt gegangen zu sein. Es habe sie mutiger gemacht, sagt sie rückblickend. Im selben Jahr noch stellt sie in der ARD ihre eigene feministische Satiresendung *Nachtschwester Kroymann* auf die Beine. Dort bringt sie auf ironische Weise relevante feministische Themen zur Sprache. Die Sendung wird allerdings nach einigen Jahren – trotz sehr guter Einschaltquoten – wieder abgesetzt. Maren Kroymann vermutet, dass ihre Sketche der ARD damals noch „zu frech und zu feministisch" gewesen seien.
Inzwischen hat sich Maren Kroymann als feste Größe in der Schauspielbranche etabliert und spielt in vielen deutschen Fernsehserien und Filmen mit. Seit 2017 ist sie auch wieder mit ihrer eigenen Satiresendung in der ARD zu sehen. Mit *Kroymann* trifft sie den Nerv der Zeit und spricht genau die Themen an, die vor 25 Jahren noch zu stark tabuisiert waren. Gemeinsam mit ihrem jungen Team der bildundtonfabrik Köln erarbeitet Maren Kroymann bissige und pointierte Sketche mit gesellschaftlich brisanten Inhalten. Auch auf der Bühne ist sie weiterhin aktiv. In ihrem aktuellen Bühnenprogramm *In my Sixties* singt sie Musik der 60er Jahre, die sie auf kritische und unterhaltsame Weise kommentiert. 2019 erhält Maren Kroymann den Rose d'Or Lifetime Achievement Award – eine der wichtigsten internationalen Fernsehauszeichnungen.

Mit ihrem lesbenpolitisch-feministischen Engagement leistet Maren Kroymann einen entscheidenden Beitrag zu mehr lesbischer Sichtbarkeit und einem positiven Verständnis des Begriffs „Lesbe".

MAHIDE
-LEIN

*„Ich will ein
Teil von allem sein.
Ich interessiere
mich für alle Lebensstile
und alle Kulturen.
Ich will einfach alles
kennenlernen."*

MAHIDE LEIN

GEBOREN AM 23. NOVEMBER 1949
IN FRANKFURT AM MAIN, DEUTSCHLAND

KULTURVERMITTLERIN, LEITERIN EINER KONZERTAGENTUR, ARCHIVARIN VON LÄSBISCH-TV

Seit über 40 Jahren setzt sich Mahide Lein für die internationale Kulturvermittlung ein. Sie will mit ihrer Arbeit Menschen unterschiedlicher Kulturen und Hintergründe zusammenbringen – ein Spagat, der ihr gerade zu Beginn nicht immer gelang.

Ab Ende der 60er Jahre engagiert sich Mahide Lein in der alternativen Szene in Frankfurt am Main. Dort ist sie in der Frauenbewegung aktiv, ebenso wie in der Hausbesetzerszene. Sie studiert in dieser Zeit an der Universität Frankfurt Politikwissenschaft und Religion. Das Studium gefällt ihr jedoch nicht sonderlich. Viel lieber ist sie als Kunst- und Kulturvermittlerin tätig, unter anderem im Frauencafé Niedenau. 1976 gründet sie mit anderen Frauen in Frankfurt außerdem das erste Lesbenzentrum. Ein Jahr später zieht sie nach Berlin und setzt auch dort ihr sozialpolitisches und kulturelles Engagement fort. Sie arbeitet für den Frauenbuchvertrieb. Zusätzlich organisiert sie mit anderen Frauen

den Frauentreff Kaffee Winterfeldt und engagiert sich bei den Berliner Lesbenwochen sowie der Frauen-Sommeruni.
In den 80er und 90er Jahren gibt es in Berlin insgesamt 44 Frauen-Treffpunkte: darunter Frauen-Buchläden, Frauen-Galerien, Frauen-Cafés, Kino für Frauen sowie Frauen-Nachtclubs. Mahide Lein ist ein wichtiger Bestandteil dieser feministisch-lesbischen Kulturszene. Von 1986 bis 1990 ist sie Projektleiterin des von Lesben und Frauen besetzten ehemaligen Pelzgeschäfts *PELZE-multimedia*. Aus dem seit 1980 bestehenden Künstlerinnentreff macht sie ein Frauen-Nachtcafé mit Ausstellungen, Theater, Filmen, Diskussionen zu aktuellen Themen und einem erotischen Spielraum mit Darkroom, um Sexualität als „normales" Kommunikationsmittel zu fördern. Sie will mit der Tabuisierung von weiblicher Sexualität brechen, einen Raum für sexuelle Experimentierfreude und informativen Austausch geben, wie unter anderem auch zu BDSM – sehr zum Unbehagen mancher Feministinnen.
Im März 1991 fragt sie der schwule Aktivist Rosa von Praunheim, ob sie für den Kabelsender FAB (Fernsehen aus Berlin) als Pendant zum schwulen TV-Programm *Andersrum* auch ein lesbisches Magazin organisieren will. Mahide Lein ist sofort begeistert und sucht andere Frauen für das Format zusammen. Über 130 Lesben beteiligen sich in den nächsten zwei Jahren an der Herstellung des weltweit ersten lesbischen Fernsehmagazins *LÄSBISCH-TV*. Bis zur Absetzung im Mai 1993 werden insgesamt 27 einstündige monatliche Sendungen ausgestrahlt: Ein einzigartiges Zeugnis der vielfältigen, inzwischen fast verschwundenen „Ladies Only"-Szene der 90er Jahre mit dem reichhaltigen Kulturangebot von und für Lesben. In kurzen Beiträgen kommentieren jeweils wechselnde Teams internationales Zeitgeschehen, Kunst, Politik, Geschichte, Sport, Alltag, Film, Sex, Nachrichten aus aller Welt, Veranstaltungs-Tipps u. v. m., stets aus lesbischer und feministischer Perspektive. Viele Jahre später werden alle Sendungen mit Fördermitteln der

Bundesstiftung Magnus Hirschfeld digitalisiert und katalogisiert. Der 100-minütige Zusammenschnitt *Best-Of 1991-1993* wird auf internationalen Filmfestivals aufgeführt und erzählt von der dynamischen Zeit. „In erster Linie produzierten wir für die Frauen, um mehr lesbisches Empowering zu bekommen, aber auch für die gesamte Gesellschaft zur Sichtbarkeit und Gleichstellung", sagt Mahide Lein. Fast 20 Jahre lang ist sie außerdem Best-Girl des queeren Filmpreises TEDDY AWARD der Berlinale-Sektion Panorama.

1992 organisiert Mahide Lein gemeinsam mit dem Regisseur Andreas Strohfeldt, dem Frauenzentrum St. Petersburg und der Tschaikowsky Foundation den ersten CSD Russlands in St. Petersburg sowie 1994 das erste lesbisch-schwule Filmfestival in Russland. Bis 1995 organisiert sie ebenfalls halbjährig einen Kulturaustausch in Russland in Zusammenarbeit mit Andreas Strohfeldt.

Danach erweitert sich ihr Aktivismus von der lesbisch-feministischen Szene zur internationalen Kunst- und Kulturszene. Einschneidend dafür ist eine Begegnung im Jahr 1995. Auf einer Schwarzen-Frauenparty in Amsterdam lernt Mahide Lein Sue Pakeipei Maluwa-Bruce aus Simbabwe kennen. Mahide weiß nichts über das Land und fährt 1996 hin, um mit Sue den Film *Send me a Postcard Sometimes* zu LGBT+ Themen zu drehen. Seitdem ist sie fasziniert vom afrikanischen Kontinent.

1995 gründet sie schließlich ihre eigene Konzertagentur *AHOI*. Sie verfolgt damit das Ziel, die LGBT+ Community mit Weltmusik und allen Kulturen in Verbindung zu bringen, was sich jedoch gerade zu Beginn als sehr schwierig herausstellt. Zu groß sind häufig die Vorbehalte der einzelnen Communitys und der Unwille, über den eigenen Tellerrand hinauszuschauen.

Zwischenzeitlich betreibt Mahide Lein auch den legendären wöchentlichen afrikanischen Kultursalon *MoKATO*: Ein Raum für Konzerte, Ausstellungen, Partys und ein offenes Mikrofon für aktuelle Projek-

te. Über 100 Bands aus allen Teilen Afrikas treten von 2000 bis 2002 dort auf.
Nach und nach gelingt es Mahide Lein immer besser – bei allen bestehenden Unterschieden und Divergenzen – auch Berührungspunkte zwischen den verschiedenen Kulturen und Communitys herzustellen. Mit ihrer Konzertagentur *AHOI* verbindet sie inzwischen über 300 Künstler*innen aus der ganzen Welt. Sie arbeitet dort als Kunst- und Kulturvermittlerin, Produzentin sowie Event-Managerin. Sie organisiert Festivals in Berlin, engagiert sich für *FREE TIBET* und mit der *Irrenoffensive e.V.* bei diversen Tribunalen und Kongressen. Zudem betreibt sie auch ein kleines Label für Welt-Musik, dort erscheint bereits die vierte CD.
2000 organisiert Mahide Lein außerdem das *KultHur-Festival* in Berlin, das sich für bessere Arbeitsbedingungen von Sexarbeiter*innen einsetzt. Auch dort will die Kulturvermittlerin mit Tabus brechen und Vorurteile abbauen.
Für ihr besonderes Engagement in der LGBT+ Community erhält Mahide Lein 2004 den Zivilcouragepreis des CSD Berlin sowie 2018 den Rainbow-Award des Berliner Lesbisch-Schwulen Stadtfestes. Zum *Jahr der Frau_en* wird Mahide Lein außerdem 2018 mit einer Sonderausstellung im Schwulen Museum* geehrt. Die Ausstellung trägt den Titel *Sex im Alter* und gibt Einblicke in Mahide Leins Leben und ihre vielseitige aktivistische Arbeit. 2020 ist sie außerdem Berlin Music Ambassador für Tel Aviv.

Für Mahide Lein gibt es keine Grenzen, keine Berührungsängste, keine Tabus. Sie setzt sich für die Rechte von Sexarbeiter*innen ein, ebenso wie für die LGBT+ Community und für Künstler*innen aus aller Welt. Als Kulturvermittlerin baut sie Vorurteile ab und schafft seit vielen Jahrzehnten wichtige Räume und Plattformen für Frauen und Lesben.

ULRIKE
LUNACEK

*„Wir haben uns als
Frauen und als Lesben
in diesen letzten
Jahrzehnten einiges
an öffentlichem Raum
erkämpft. Und wir
lassen uns nicht mehr
zurückdrängen.“*

ULRIKE LUNACEK

GEBOREN AM 26. MAI 1957
IN KREMS AN DER DONAU, ÖSTERREICH

POLITIKERIN, VIZEPRÄSIDENTIN DES EUROPÄISCHEN PARLAMENTS A. D., STAATSSEKRETÄRIN FÜR KUNST UND KULTUR A.D.

Als erste offen lesbische Politikerin Österreichs setzt Ulrike Lunacek seit 1995 ein wichtiges Zeichen für mehr lesbische Sichtbarkeit.

Ulrike Lunacek studiert in Innsbruck Englisch und Spanisch. Parallel dazu engagiert sie sich beim Aufbau des Frauenhauses Innsbruck. Nach ihrem Abschluss ist sie als Journalistin und Dolmetscherin tätig. Außerdem wird sie Mitglied bei den Grünen und kandidiert 1995 erstmals für den Nationalrat. Für sie ist selbstverständlich, dass sie in dieser Position auch offen mit ihrem Lesbischsein umgeht. 1999 zieht sie schließlich ins Parlament ein. Dort ist sie u. a. Sprecherin für die Gleichstellung von Lesben, Schwulen und Transgendern sowie für Außenpolitik.
2009 wird Ulrike Lunacek Abgeordnete im Europäischen Parlament (kurz: EP) und ist dort u. a. Außenpolitiksprecherin der Grünen sowie Kosovo-Berichterstatterin des EP. In ihrer Funktion als Ko-Präsidentin der LGBT Intergroup erstellt sie 2013 den *Lunacek-Bericht* für die Be-

kämpfung von Homophobie und Diskriminierung aus Gründen der sexuellen Orientierung und der Geschlechtsidentität. Dem Antrag wird im Februar 2014 mit einer Zweidrittelmehrheit im EP zugestimmt. Im November 2014 stattet Papst Franziskus der EU einen Besuch ab. Ulrike Lunacek, mittlerweile Vizepräsidentin des EP, überlegt, wie sie sich als Lesbe und Feministin verhalten soll. Sie überreicht ihm daraufhin einen Regenbogenschal und sagt auf Spanisch: „Ich hoffe, dass Sie Ihre Ankündigungen auch in Bezug auf mehr Anerkennung für Lesben und Schwule umsetzen werden."
Nach acht Jahren kehrt Ulrike Lunacek wieder nach Österreich zurück und kandidiert als Spitzenkandidatin der Grünen bei den Nationalratswahlen 2017. Die Partei schafft jedoch – erstmals nach 31 Jahren – nicht den Einzug ins Parlament. Ulrike Lunacek zieht die Konsequenzen daraus und legt ihre Ämter nieder. Sie nimmt sich eine Auszeit in Peru und schreibt dort ihre Erlebnisse als langjährige Kosovo-Berichterstatterin nieder. 2018 geht sie mit ihrem Buch *Frieden bauen, heißt weit bauen* auf Lesereise.
Nach der Ibiza-Affäre finden im September 2019 Neuwahlen in Österreich statt, dank derer die Grünen wieder ins Parlament gewählt werden. Im Januar 2020 bilden sie mit der ÖVP eine Regierung und Ulrike Lunacek wird Staatssekretärin für Kunst und Kultur. Aufgrund der starken und oft unsachlichen bis sexistischen Kritik an ihr wegen der Corona-Maßnahmen und weil sie ihre Stärken nicht mehr ausspielen kann, tritt sie im Mai 2020 von ihrem Amt zurück. Mit ihrer neu gewonnenen Zeit bringt sie sich u. a. in die Vorbereitungen für die Menschenrechtskonferenz im Rahmen der WorldPride 2021 in Kopenhagen ein.

Ulrike Lunacek setzt sich seit vielen Jahrzehnten mit viel Leidenschaft und Engagement für mehr Gleichberechtigung und lesbische Sichtbarkeit ein.

MADELEINE
MARTI

*„Wenn wir
unsere Geschichte
kennen, gibt
uns dies einen
Boden für
die Gegenwart."*

MADELEINE MARTI

GEBOREN AM 12. JULI 1957
IN BADEN, SCHWEIZ

LITERATURWISSENSCHAFTLERIN, HISTORIKERIN, LESBENFORSCHERIN, AUTORIN

Als Madeleine Marti mit der Lesbenforschung beginnt, ist die Lesbengeschichte der Schweiz noch vollkommen unerforscht. Mit ihrer Arbeit legt sie einen wichtigen Grundstein, um diese Geschichte nach und nach aufzuarbeiten.

Madeleine Marti studiert Literaturwissenschaft und Geschichte und arbeitet im Anschluss als Gymnasiallehrerin. Bereits in jungen Jahren ist sie gut innerhalb der Lesbenszene vernetzt. Sie arbeitet bei der Zeitschrift *Lesbenfront* in Zürich mit und ist in der Lesbengruppe Baden aktiv, die ab 1981 Teil des Frauenzentrums Baden wird.
Auf einer Lesbendemo 1986 in Genf weist die Berliner Soziologin Ilse Kokula Madeleine Marti auf eine Entdeckung hin. Sie habe in historischen Berliner Zeitschriften Spuren zur Schweizer Lesbengeschichte gefunden. Madeleine Marti wird sofort hellhörig und will Ilse Kokula unterstützen. Gemeinsam mit zwei Freundinnen gründet sie 1987 den *Sappho-Verein*.

Ziel des Vereins ist es, feministische Forschungsprojekte – insbesondere zur Lesbenforschung – finanziell zu fördern. Damit wird ein essentieller Grundstein zur Erforschung der Schweizer Lesbengeschichte gelegt. Im selben Jahr noch zieht Madeleine Marti nach Hamburg. Sie will über Lesben in der deutschsprachigen Literatur promovieren. Dort wird sie auf die Professorin Marie-Luise Gansberg aufmerksam. Diese forscht an der Universität Marburg zu Frauen und Lesben in der Literatur und betreut die junge Wissenschaftlerin bei ihrem Forschungsvorhaben. 1991 veröffentlicht Madeleine Marti ihre Doktorarbeit. Es ist die erste Arbeit, die sich mit der Darstellung lesbischer Frauen in der deutschsprachigen Literatur befasst. Seither reist sie als Referentin durch den deutschsprachigen Raum. Da ihre Forschung finanziell wenig einbringt, arbeitet sie zunächst als Geschäftsführerin für die Feministische Wissenschaft Schweiz, dann als Dozentin in der Erwachsenenbildung sowie als Schreibcoach und gründet die *Kopfwerken GmbH.*
Für die Lesbenforschung hat sie jedoch neben ihrer Arbeit immer weniger Zeit. Der *Sappho-Verein* ist lange Zeit inaktiv – bis Madeleine Marti 2014 auf die Idee kommt, Lesbenspaziergänge in Zürich anzubieten. Gemeinsam mit den Historikerinnen Natalie Raeber und Corinne Rufli gibt sie nun mehrmals jährlich in Form von Stadtrundgängen Einblicke in die Zürcher Lesbengeschichte. Im Zuge dessen wird auch der *Sappho-Verein* reaktiviert. Im Jahr 2016 schlägt Natalie Raeber vor, zusätzlich ein *L-Wiki* zu gründen. Die Idee dahinter ist, das bestehende Wissen zur Lesbengeschichte der Schweiz auch dauerhaft abrufbar zu machen. Seit einigen Jahren macht Madeleine Marti außerdem Filme zu bedeutenden Lesben wie Ilse Kokula und Luise F. Pusch.

Madeleine Marti prägt bis heute die deutschsprachige Lesbenforschung. Sie leistet mit ihrer Arbeit einen entscheidenden Beitrag zur Sichtbarkeit von Lesben in der Schweiz.

MIRJAM
MÜNTEFERING

„Immer wenn ich gefragt werde, wann ich mit dem Schreiben angefangen habe, kann ich das gar nicht so genau sagen. Ich habe das Gefühl, ich habe schon Geschichten erzählt, bevor ich überhaupt schreiben konnte."

MIRJAM MÜNTEFERING

GEBOREN AM 29. JANUAR 1969
IN NEHEIM-HÜSTEN, DEUTSCHLAND

**SCHRIFTSTELLERIN,
INHABERIN EINER HUNDESCHULE**

Schon als Kind hat Mirjam Müntefering den Wunsch, Schriftstellerin zu werden. Später macht sie sich gleich zwei große Hobbys zum Beruf.

Mirjam Müntefering studiert Fernsehwissenschaften und Germanistik in Bochum, macht ein Volontariat zur Fernsehredakteurin und eröffnet im Anschluss mit zwei Kolleginnen ein Journalistinnenbüro. Fortan schreibt, plant und dreht sie Einspieler für verschiedene Fernsehmagazine. Der Berufsalltag ist hektisch und kompetitiv.
1998 veröffentlicht Mirjam Müntefering schließlich ihr erstes Buch, die lesbische Liebesgeschichte *Ada und Eva*. Die Veröffentlichung löst ein starkes mediales Interesse an ihr – der Tochter des damaligen Vizekanzlers Franz Müntefering – aus. Im selben Zeitraum ist auch die Diskussion um die Einführung eines Lebenspartnerschaftsgesetzes für gleichgeschlechtliche Paare in vollem Gange. Sie nutzt die mediale Aufmerksamkeit auch, um für das Gesetz zu werben.

Am liebsten wäre Mirjam Müntefering nun hauptberuflich Schriftstellerin. Von diesem Ziel ist sie zwar noch weit entfernt, ihr wird jedoch immer stärker bewusst, dass sie nicht länger fürs Fernsehen arbeiten will. „Und ich habe gedacht, was kann ich denn machen, wenn ich nicht beim Fernsehen bleiben will? Und habe so aus dem Bauch raus gedacht, na ja gut, du kannst auch Hund." Sie besucht daraufhin Hundeseminare und eröffnet 2000 ihre eigene Hundeschule.
Parallel zu ihrer Arbeit als Hundetrainerin schreibt Mirjam Müntefering weiterhin Bücher. Durch ihr zweites Buch *Flug ins Apricot* – eine Liebesgeschichte zwischen zwei 16-jährigen Mädchen – werden auch Kinder- und Jugendbuchverlage auf sie aufmerksam. Um auch ein breiteres Publikum zu erreichen, veröffentlicht sie bald zusätzlich unter dem Pseudonym Pippa Watson jährlich einen heterosexuellen Liebesroman. Auch dort gibt es selbstverständlich immer lesbische oder schwule Nebencharaktere.
Mit ihrer Hundeschule und der Schriftstellerei hat Mirjam Müntefering nun zwei Vollzeitjobs, die sie parallel betreibt. Bis sie im Winter 2011 an Krebs erkrankt und gezwungen ist, beruflich Abstriche zu machen. Sie verkleinert ihre Hundeschule, in der inzwischen sieben Trainerinnen angestellt sind, drastisch und macht zunächst nur mit einer Mitarbeiterin weiter. Außerdem richtet sie ihren Fokus von nun an ausschließlich auf die Zielobjektsuche – ein Training, bei dem Hunde mit ihrer Nase kleinste Gegenstände auffinden müssen.
Unter ihrem zweiten Pseudonym Mary E. Garner veröffentlicht Mirjam Müntefering ab 2020 eine Fantasy-Trilogie. Danach will sie außerdem mit einer Krimi-Reihe beginnen.

Mirjam Müntefering hat ihren Kindheitstraum nie aus den Augen verloren und ihre Leidenschaft zum Beruf gemacht. Mit ihren Büchern leistet sie einen wichtigen Beitrag für die Sichtbarkeit von Lesben.

KATHARINA
OGUNTOYE

„Wir haben damals den Begriff ‚afro-deutsch' geprägt. Wir haben lange darüber diskutiert und das dann im Konsens entschieden. Dass diese Entscheidung über Jahre und Jahre getragen hat und zum Konsens der Community wurde, das fand ich total faszinierend."

KATHARINA OGUNTOYE

GEBOREN AM 21. JANUAR 1959,
AUFGEWACHSEN IN LEIPZIG, ILE-IFE (NIGERIA) UND HEIDELBERG

**HISTORIKERIN, GRÜNDERIN DES
INTERKULTURELLEN NETZWERKS JOLIBA**

Katharina Oguntoye spielt eine Schlüsselrolle in der afro-deutschen Bewegung und setzt sich seit vielen Jahrzehnten für mehr Sichtbarkeit und Anerkennung von Frauen, Lesben und Schwarzen ein.

Mit Anfang 20 zieht Katharina Oguntoye nach Berlin und macht dort an der Schule für Erwachsenenbildung (kurz: SfE) ihr Abitur. Die SfE ist im deutschsprachigen Raum die einzige selbstverwaltete basisdemokratische Schule. Bereits im ersten halben Jahr gründet Katharina Oguntoye dort mit ihren Mitschülerinnen eine Frauenklasse. Neben der Schule ist sie in der Frauen- und Lesbenbewegung aktiv und besucht 1983 Seminare der Schwarzen lesbischen Aktivistin Audre Lorde, die damals an der Freien Universität Berlin lehrt.
Nach ihrem Abitur beginnt Katharina Oguntoye 1984, an der Technischen Universtität Berlin Geschichte zu studieren. Als der *sub rosa frauenverlag* (ab 1986 *Orlanda Frauenverlag*) ein neues Buch mit

Audre Lorde verlegen will, schlägt diese den jungen Schwarzen Aktivistinnen May Ayim und Katharina Oguntoye vor, ein Buch über die Schwarze deutsche Frauenbewegung zu schreiben. „Stellt euch einander und der Welt vor", sagt Audre Lorde zu den beiden jungen Frauen und unterstützt diese in den nächsten zwei Jahren bei der Entstehung des Buches. Sie entwickeln daraufhin gemeinsam den Begriff „Afro-deutsche" und setzen damit das Fundament für die Schwarze Bewegung in Deutschland. 1986 erscheint das Buch *Farbe bekennen: Afro-deutsche Frauen auf den Spuren ihrer Geschichte*. Es ist bis heute das einzige Werk, das die Vielseitigkeit Schwarzer Frauen im deutschsprachigen Raum aufzeigt. Katharina Oguntoye gründet daraufhin die *Initiative Schwarze Menschen in Deutschland* (kurz: ISD) sowie den Verein *ADEFRA* mit.
1997 beendet und veröffentlicht Katharina Oguntoye ihre Magisterarbeit, in der sie die Lebenssituation Schwarzer Menschen in Deutschland von 1884 bis 1950 aufzeigt. Im selben Jahr gründet sie gemeinsam mit anderen Aktivist*innen das interkulturelle Netzwerk *Joliba*. Ziel des Vereins ist es, das interkulturelle Zusammenleben zu fördern und sowohl psycho-soziale Unterstützung als auch Bildungsarbeit zu leisten. Der Verein kämpft viele Jahre um Sichtbarkeit. Erst in den letzten Jahren wird *Joliba* allmählich auch in der Öffentlichkeit wahrgenommen. Ende der 90er gründet Katharina Oguntoye auch die *Lesben mit Kinderwunsch*-Gruppe in Berlin mit. Für ihre vielseitige politisch-aktivistische Arbeit erhält sie 2020 den Berliner Preis für Lesbische* Sichtbarkeit. Bis 2020 ist sie Leiterin von *Joliba* und will diese Aufgabe nun an die nächste Generation weitergeben.

Katharina Oguntoye ist eine zentrale Aktivistin für die afro-deutsche Bewegung und ein wichtiges Role Model für lesbische Sichtbarkeit.

INES
-POHL

„Es geht für
mich immer darum,
mutig zu sein. Keine
Angst zu haben, Fragen
zu stellen, die stören.
Einschätzungen zu geben,
die aufrütteln, und
Erklärungen anzubieten,
die Allgemeinplätze
in Frage stellen."

INES POHL

GEBOREN AM 12. APRIL 1967
IN MUTLANGEN, DEUTSCHLAND

JOURNALISTIN, LEITERIN DES STUDIOS WASHINGTON DER DEUTSCHEN WELLE

Ines Pohl ist Journalistin aus Überzeugung. Als Chefredakteurin prägt sie lange Zeit das Profil der *taz*. Seit vielen Jahren stärkt sie nun in verschiedenen Funktionen die Außenwirkung der Deutschen Welle.

Ines Pohl studiert in Göttingen Skandinavistik sowie Germanistik und arbeitet ab 1995 als Frauenbeauftragte der Universität. Ihr Einstieg in den Journalismus beginnt zunächst als freie Mitarbeiterin bei Radio ffn. 1999 absolviert sie ein Volontariat bei der Tageszeitung *Hessische/ Niedersächsische Allgemeine* in Kassel und wird dort schon fünf Jahre später Leiterin für das Ressort Politik.
Ines Pohl macht sich als Journalistin stark für eine ehrliche, fundierte und vor allem auch freie Berichterstattung. Welch schützenswertes Gut die Pressefreiheit ist, wird ihr im Zuge eines Stipendiums der *Nieman Foundation for Journalism* in besonderem Ausmaß bewusst. Ab 2004 studiert sie gemeinsam mit anderen Journalist*innen ein Jahr lang an

der Harvard University. Die Stipendiat*innen dort kommen aus den unterschiedlichsten Ländern und berichten von den Gefahren, denen sie sich für einen freien, unabhängigen Journalismus tagtäglich aussetzen müssen. Diese Begegnungen prägen Ines Pohl nachhaltig in ihrem beruflichen Selbstverständnis.
2008 kommt Ines Pohl als Korrespondentin für die Mediengruppe Ippen nach Berlin. Ein Jahr später, im Juli 2009, wird sie Chefredakteurin der *taz* und folgt damit der langjährigen *taz*-Chefin Bascha Mika. Bald schon verpasst Ines Pohl der unabhängigen Tageszeitung ihre eigene Handschrift. Sie schärft das Profil der *taz*, indem sie zentrale Themen wie soziale Gerechtigkeit, Geschlechtergerechtigkeit, Ökologie, Globalisierung und internationale Politik noch stärker in den Fokus rückt. Unter ihrer Leitung wird auch die *taz am Wochenende* eingeführt sowie der Online-Auftritt der Zeitung gestärkt. Nach sechs intensiven Jahren hört Ines Pohl schließlich bei der *taz* auf und geht 2015 als Korrespondentin für die Deutsche Welle (kurz: DW) nach Washington DC. Auch dort erarbeitet sie sich schnell eine hohe Anerkennung und wird 2017 Chefredakteurin der DW. In dieser Funktion bringt sie ebenfalls den digitalen Ausbau des Nachrichtenportals voran. Ab Juli 2020 übernimmt sie wieder eine neue Rolle im Sender und wird Leiterin des Studios Washington.
Auch ehrenamtlich setzt sich Ines Pohl schon seit vielen Jahren für Pressefreiheit und Aufklärungsarbeit ein. Sie ist unter anderem Kuratoriumsmitglied von *Reporter ohne Grenzen* sowie Beiratsmitglied von *Jugend gegen AIDS*.

Ines Pohl steht für eine fundierte, kritische und verantwortungsvolle Berichterstattung. Als offen lesbische Journalistin setzt sie außerdem ein wichtiges Zeichen für mehr Akzeptanz und Sichtbarkeit von Lesben.

LUISE F.
PUSCH

„Ich bezeichne das generische Femininum schon seit 30 Jahren als Empathietraining für Männer, damit sie mal eine Vorstellung davon entwickeln, was es eigentlich bedeutet, immer nur mitgemeint zu sein."

LUISE F. PUSCH

GEBOREN AM 14. JANUAR 1944
IN GÜTERSLOH, DEUTSCHLAND

FEMINISTISCHE SPRACHWISSENSCHAFTLERIN

Der Beginn ihrer feministischen Sprachkritik bedeutet das vorzeitige Ende ihrer wissenschaftlichen Karriere. Das hält Luise F. Pusch jedoch nicht davon ab, auch weiterhin für die sprachliche Sichtbarmachung von Frauen zu kämpfen.

Luise F. Pusch studiert ab Mitte der 60er Jahre Anglistik, Latinistik und Allgemeine Sprachwissenschaft in Hamburg. Es sind keine einfachen Zeiten für Frauen und schon gar keine für Lesben. Trotz aller Widrigkeiten hat die junge Studentin ein klares Ziel vor Augen: Eine Karriere in der Wissenschaft. Sie promoviert 1972, sechs Jahre später folgt die Habilitation. Der Weg zur Professur scheint vorgezeichnet.
Wenn es jedoch etwas gibt, das Luise F. Pusch wütend macht, dann ist das Ungerechtigkeit. 1978 veröffentlicht die Sprachwissenschaftlerin Senta Trömel-Plötz ihren Aufsatz *Linguistik und Frauensprache*. Sie fordert darin eine feministische Revolutionierung der deutschen Sprache.

Der Aufsatz wird derart verrissen, dass Luise F. Pusch sich gezwungen fühlt, für ihre Kollegin Partei zu ergreifen. Die bis dato eher unpolitische Wissenschaftlerin erkennt das Ausmaß der sprachlichen Unterdrückung von Frauen und will dagegen vorgehen. Womit sie allerdings nicht rechnet, ist der große Widerstand, der ihr innerhalb der Linguistik entgegentritt. Statt des erwarteten Rufs auf einen Lehrstuhl erhält sie in den nächsten Jahren verschiedene Vertretungsprofessuren.
Diesen Einbruch in ihrer wissenschaftlichen Karriere bedauert Luise F. Pusch im Nachhinein keineswegs. Ihr 1984 veröffentlichtes Werk *Das Deutsche als Männersprache* verkauft sich 140.000 Mal. Dort schlägt sie für eine geschlechtergerechte Sprache die Abschaffung weiblicher Wortendungen vor. Da sie für diesen Vorschlag wenig Akzeptanz erwartet, plädiert sie für ein generisches Femininum, als Zwischenlösung.
Aber nicht nur sprachlich will Luise F. Pusch Frauen sichtbar machen. Seit 1987 veröffentlicht sie jährlich den *Berühmte Frauen: Kalender*. In diesem würdigt sie inspirierende, teilweise in Vergessenheit geratene Frauen. Auf ihrer 2001 initiierten Website *FemBio* sind ebenfalls mehr als 30.000 Frauen aus den unterschiedlichsten Epochen abrufbar – darunter über 200 bedeutende Lesben. Ihre eigenen Erfahrungen als junge Lesbe in den 60er und 70er Jahren verarbeitet sie in ihrem 1981 veröffentlichten Roman *Sonja: Eine Melancholie für Fortgeschrittene*. Ihre Freundin hatte sich 1976 das Leben genommen. Seit Beginn der 80er verfasst Luise F. Pusch viele weitere Beiträge zur Sichtbarmachung von Lesben. Gemeinsam mit ihrer Partnerin Joey Horsley gibt sie unter anderem zwei Sammelbände zu Biographien berühmter Frauenpaare heraus.

Luise F. Pusch ist eine wichtige Begründerin der feministischen Linguistik in Deutschland. Ihr Lebensziel – die Sichtbarmachung von Frauen – verfolgt sie seit Jahrzehnten mit kreativen Lösungsvorschlägen, einer klaren Haltung und starken Argumenten.

CILLIE
RENTMEISTER

„Wir wollten mit
den Flying Lesbians
offen lesbisch sein.
Also, offensiv
mit dem Lesbischsein
umgehen. Stolze
Selbstbezichtigung,
würde ich sagen."

CILLIE RENTMEISTER

GEBOREN AM 25. SEPTEMBER 1948
IN WEST-BERLIN, DEUTSCHLAND

EMERITIERTE PROFESSORIN FÜR MÄDCHEN- UND FRAUENARBEIT, GENDER STUDIES SOWIE INTERAKTIVE MEDIEN, KEYBOARDERIN DER FLYING LESBIANS, PRIVATPILOTIN

Mit ihrem Aktivismus und ihrer Forschung leistete Cillie Rentmeister Pionierarbeit in der Neuen Frauenbewegung.

Cäcilia „Cillie“ Rentmeister ist ab 1973 Mitglied im Frauenzentrum Westberlin. Sie lebt und arbeitet seitdem mit der Regisseurin und Autorin Cristina Perincioli zusammen. Mit ihr gemeinsam schreibt sie auch das Drehbuch zum ersten Lesbenspielfilm im Deutschen Fernsehen. Der Film *Anna und Edith* wird 1975 im ZDF ausgestrahlt. 1974 gründet Cillie Rentmeister außerdem die Frauenrockband *Flying Lesbians* mit. Als beim ersten deutschen Frauenfest *Rockfete im Rock* die ursprünglich gebuchte englische Frauenband kurz vor Veranstaltungsbeginn absagt, muss schnell eine Alternative her. Die *Flying Lesbians* gründen sich noch in derselben Nacht und stehen zwei Tage darauf mit zusammengeliehenen Instrumenten und selbstgeschriebenen Texten auf der Bühne. Wenige Monate später spielt die Band bereits vor 30.000 Be-

sucherinnen auf einem Frauenfestival in Kopenhagen. Ein Jahr darauf erscheint ihre LP, die sich 17.000 Mal verkauft. Die *Flying Lesbians* spielen auf vielen weiteren Frauenfesten in ganz Europa, bis sich die Band 1977 wieder auflöst.
Cillie Rentmeister gehört auch zu den Initiatorinnen der ersten Frauen-Sommeruniversität, die 1976 in Berlin zum ersten Mal tausende Frauen zusammenführt. Die Teilnehmerinnen bringen dort in offenem, interdisziplinärem Austausch die Frauen- und Geschlechterforschung im deutschsprachigen Raum in Bewegung.
Nach ihrem Studium der Kunstwissenschaften, Archäologie und Amerikanistik lehrt Cillie Rentmeister ab 1977 an verschiedenen Hochschulen. 1980 promoviert sie zur Kulturgeschichte. Anschließend bereist und beforscht sie moderne matriarchale Gesellschaften. Ab Mitte der 80er Jahre lehrt und publiziert sie außerdem zu Computer und Kreativität. 1994 wird sie an der Fachhochschule Erfurt als Professorin für Mädchen- und Frauenarbeit, Gender Studies und Interaktive Medien berufen. Mit ihrer Forschung prägt sie von Beginn an maßgeblich den wissenschaftlichen Diskurs der feministischen Kunst- und Kulturwissenschaft. Inzwischen ist sie als Professorin emeritiert.
Als Privatpilotin setzt sich Cillie Rentmeister ebenfalls begeistert für die Förderung von Mädchen und Frauen in der Luftfahrt ein, u. a. durch ihre Angebote zum *GirlsDay* und die Gestaltung von Pilotinnentreffen. Sie ist in den Pilotinnen-Netzwerken *The Ninety Nines* und in der *Vereinigung Deutscher Pilotinnen* aktiv. Auch in Aufsätzen und Vorträgen belegt sie eindrücklich die Bedeutung weiblicher Vorbilder, um Mädchen möglichst früh an technische Berufe heranzuführen.

Cillie Rentmeister schrieb mit der Kultband *Flying Lesbians* ein wichtiges Stück Frauengeschichte mit. Sie trägt mit ihrer Arbeit einen entscheidenden Beitrag zu lesbischer Sichtbarkeit bei.

ANNA
ROSENWASSER

„Mein oberstes Ziel bei der LOS ist es, dass man Frauen, die auf Frauen stehen, in der Gesellschaft stärker wahrnimmt."

ANNA ROSENWASSER

GEBOREN AM 01. MAI 1990
IM KANTON ZÜRICH, SCHWEIZ

FREISCHAFFENDE JOURNALISTIN, KOMMUNIKATIONSLEITERIN DER LESBENORGANISATION SCHWEIZ LOS

Anna Rosenwasser bezeichnet sich selbst als „Berufslesbe", seit sie Co-Geschäftsleiterin der *Lesbenorganisation Schweiz* (kurz: LOS) ist. Die junge Journalistin bringt lesben- und queerpolitisch in der Schweiz vieles voran und hat noch sehr viel mehr vor.

Anna Rosenwasser studiert Journalismus an der Zürcher Hochschule für Angewandte Wissenschaften in Winterthur, fällt aber kurz vor Beendigung aus dem Studium. Daraufhin studiert sie Politikwissenschaft und Geschichte an der Universität Zürich. Bereits seit 2008 arbeitet sie als freischaffende Journalistin für verschiedene Zeitungen und Magazine. Das Schreiben liegt ihr, wie auch das Netzwerken. Sie hat ein gutes Gespür dafür, wie sie andere Menschen ansprechen und erreichen kann. Ihr lesben- und queerpolitisches Engagement beginnt in der *Milchjugend*, der größten LGBT+ Jugendorganisation der Schweiz. Diese Zeit ist für sie sehr prägend,

da sie dort das Gefühl bekommt, auch als bisexuelle Frau zur queeren Community dazuzugehören.
Die persönliche Nähe zu anderen Menschen liegt Anna Rosenwasser besonders am Herzen. Sie möchte transparent und zugänglich sein, damit sie auch für andere greifbar ist. Seit Herbst 2017 ist sie in ihrer Funktion als Co-Geschäftsleiterin ein wichtiges Gesicht der LOS. Dabei ist es ihr wichtig, dass die LOS auch Bi- und Trans-Inklusivität fördert. Mit ihrer offenen Herangehensweise konnte sie schon sehr viele neue Mitglieder gewinnen. Im Herbst 2020 wird Anna Rosenwasser Kommunikationsleiterin der LOS und kann sich nun noch mehr den Aufgaben widmen, die ihr besonders gut liegen: dem Schreiben und dem Netzwerken.
Mittlerweile ist Anna Rosenwasser die bekannteste Bisexuelle der Schweiz. Neben ihrer Arbeit bei der LOS schreibt sie regelmäßig Kolumnen über Gender und LGBT+. Zudem ist sie vermehrt aktiv in Form von Reden, Podiumsteilnahmen und Lesungen. Sie wird es nicht leid, immer und immer wieder auf die Dringlichkeit ihres Anliegens hinzuweisen. Auch für die im Februar 2020 stattfindende Volksabstimmung zum *Verbot der Diskriminierung aufgrund der sexuellen Orientierung* ist sie unermüdlich unterwegs. Ein Einsatz, der sich auszahlt. Mit einer deutlichen Mehrheit sprechen sich die Schweizer*innen für das Verbot aus. Anna Rosenwasser freut sich riesig über diesen wichtigen Schritt. Wirklich zufrieden wird sie allerdings erst dann sein, wenn eine komplette Gleichberechtigung von LGBT+ Personen in der Schweiz erreicht ist.

Anna Rosenwasser ist aus voller Überzeugung und Leidenschaft „Berufslesbe". Mit ihrer offenen, herzlichen Art und ihrem großen Tatendrang verhilft sie der LOS schon seit einigen Jahren zu neuer Popularität.

CORINNE
-RUFLI

„Im Alltag sind lesbische Frauen nicht sichtbar. Und ich überlege mir schon länger, was das eigentlich mit uns lesbischen Frauen macht. Was bedeutet es, wenn man ein Leben lang nie wirklich repräsentiert wird?“

CORINNE RUFLI

GEBOREN AM 2. DEZEMBER 1979
IN BADEN, SCHWEIZ

HISTORIKERIN, AUTORIN, JOURNALISTIN, LESBENFORSCHERIN

Mit ihrer Forschung macht Corinne Rufli diejenigen Frauen sichtbar, die selbst innerhalb der lesbischen Szene oft in Vergessenheit geraten. Ihre Botschaft ist klar und eindeutig: Lesben sollen gesehen, ihre Geschichten gehört werden.

Corinne Rufli besucht mit 17 Jahren eine lesbische Jugendgruppe in Zürich. Schon damals interessiert sie sich für die Lesbengeschichte der Schweiz. Sie studiert in Zürich Germanistik und Geschichte und deutet ihre Seminarinhalte so um, dass sie sich in ihren Arbeiten regelmäßig mit lesbischen Themen befassen kann. In ihrer Masterarbeit forscht sie mit der Methode der Oral History zu frauenliebenden Frauen im Alter. Ihre Professorin ist begeistert und will sie überzeugen, ein Buch zu schreiben.
Während und nach ihrem Studium arbeitet Corinne Rufli als Redakteurin in einer Tageszeitung. Die Idee des Buchs lässt sie jedoch nicht mehr

los. Sie kündigt ihre Stelle und widmet sich ihrem Projekt. Auf Basis ihrer Masterarbeit und weiterer Zeitzeuginneninterviews gibt sie älteren, lesbischen Frauen eine Stimme. Diese erzählen von einer Zeit, in der es weder Treffpunkte noch Begriffe, geschweige denn Akzeptanz für diese Form der Liebe gab. Sie erzählen aber auch von Beziehungen und Handlungsspielräumen. Das Porträtbuch *Seit dieser Nacht war ich wie verzaubert. Frauenliebende Frauen über siebzig erzählen* kommt 2015 heraus und findet großes Interesse. Corinne Rufli wird zu Lesungen und Vorträgen im gesamten deutschsprachigen Raum eingeladen – meist in Begleitung von Protagonistinnen aus ihrem Buch.
Parallel arbeitet sie an diversen feministischen Projekten als selbstständige Historikerin und übernimmt ab 2016 für drei Jahre die Leitung eines unabhängigen Kulturmagazins. Auch dort ist es ihr ein Anliegen, Frauen in den Mittelpunkt zu setzen und „vielfältige Bilder von Frauen zu schaffen". Gemeinsam mit den Historikerinnen Madeleine Marti und Natalie Raeber bietet Corinne Rufli seit 2015 außerdem Lesbenspaziergänge in Zürich an sowie die Online-Enzyklopädie *l-wiki.ch* zur Lesbengeschichte der Schweiz. Darüber hinaus publiziert sie 2020 ein weiteres Buch: In *Vorbild und Vorurteil* porträtiert sie gemeinsam mit vier weiteren Autorinnen 28 lesbische Spitzensportlerinnen aus der Schweiz.
Corinne Ruflis unermüdlicher Einsatz für die Lesbengeschichtsforschung zahlt sich aus. 2020 erhält sie ein vierjähriges Forschungsstipendium im Projekt *Unerzählte Frauengeschichte(n)* und kann sich als Doktorandin nun voll und ganz der Schweizer Lesbengeschichte widmen.

Zeit ihres Lebens steckt Corinne Rufli viel Herzblut und Energie in die Aufarbeitung lesbischer Lebensgeschichten. Sie leistet mit ihrer Arbeit einen wichtigen Beitrag zur Aufdeckung lesbischer Geschichte in der Schweiz.

ULLE
SCHAUWS

*„Ich bin in
die Politik gegangen,
um bestimmte Interessen
zu vertreten.
Für mehr Gerechtigkeit
einzustehen ist für
mich ein ganz
zentraler Punkt.“*

ULLE SCHAUWS

GEBOREN AM 30. APRIL 1966
IN HÜLS (KREFELD), DEUTSCHLAND

POLITIKERIN, DELEGIERTE DER BAG LESBENPOLITIK, FILM- UND FERNSEHWISSENSCHAFTLERIN

Ulle Schauws war schon in vielen verschiedenen Berufsfeldern tätig. Ein Hauptanliegen zieht sich jedoch durch all ihre Lebensstationen: der Einsatz für mehr Gerechtigkeit. Als frauen- und queerpolitische Sprecherin der Bundestagsfraktion Bündnis 90/Die Grünen hat sie nun eine Plattform, auf der sie dieses Anliegen auch auf Bundesebene vertreten kann.

Ulle Schauws studiert in Berlin und Bochum Film- und Fernsehwissenschaften, Politikwissenschaften, Neuere Geschichte sowie Frauen- und Geschlechterforschung. Sie erhält außerdem ein Stipendium an der Universität Glasgow mit dem Schwerpunkt Film und Gender Studies. Bereits während des Studiums setzt sich Ulle Schauws stark für frauenpolitische Themen ein. Sie arbeitet unter anderem in verschiedenen Frauen- und Mädchenprojekten in Krefeld und Schottland. Gemeinsam mit anderen Frauen produziert sie feministische TV-Beiträge beim Of-

fenen Kanal Duisburg. Nach ihrem Magisterabschluss macht sie zusätzlich eine einjährige Ausbildung in Film- und Medienmanagement. Daraufhin arbeitet Ulle Schauws mehrere Jahre in der Filmindustrie als Redaktionsleiterin, Dramaturgin und Fernsehproduzentin.
Danach folgt eine Phase der beruflichen Neuorientierung, weg von Film und Fernsehen hin zum Bildungs- und Sozialwesen. Im Jahr 2002 tritt Ulle Schauws auch bei Bündnis 90/Die Grünen ein. Sie arbeitet zunächst bei einem Bildungsträger für sozialpolitische Studien in Brühl (Rheinland). Später arbeitet sie mehrere Jahre bei *SOS Kinderdorf* am Niederrhein. Parallel ist sie auch immer stärker parteipolitisch aktiv und wird 2009 Fraktionsgeschäftsführerin bei den Grünen im Rat der Stadt Krefeld.
2013 zieht Ulle Schauws über die nordrhein-westfälische Landesliste als Abgeordnete für Bündnis 90/Die Grünen in den Deutschen Bundestag ein. Dort wird sie zur frauen- und kulturpolitischen Sprecherin der Fraktion ernannt. 2017 wird sie erneut über die Landesliste in den Bundestag gewählt und ist seit 2018 frauen- und queerpolitische Sprecherin der Fraktion. Ihr Hauptantrieb als Politikerin ist vor allem der Kampf um eine gerechtere Gesellschaft. In dieser Hinsicht setzt sie sich auch stark für die Belange von LGBT+ Personen ein. Sie ist unter anderem Delegierte der Bundesarbeitsgemeinschaft Lesbenpolitik von Bündnis 90/Die Grünen.

Als eine der wenigen offen lesbischen Spitzenpolitikerinnen in Deutschland, die sich noch dazu aktiv lesbenpolitisch engagiert, kämpft Ulle Schauws schon seit vielen Jahren entschlossen für mehr lesbische Sichtbarkeit und Akzeptanz.

DAGMAR
SCHULTZ

*„Das andere ist,
dass wir alle ein wenig
Macht haben. Wir denken
oft, wir sind hilflos, wir
können uns gegen
bestimmte Sachen nicht
erwehren. Aber wir haben
alle etwas Macht. Wenn wir
diese Macht nicht
wahrnehmen und umsetzen,
dann wird sie irgendwann
auch gegen uns
verwendet werden.“*

DAGMAR SCHULTZ

GEBOREN AM 4. MÄRZ 1941
IN BERLIN, DEUTSCHLAND

EMERITIERTE PROFESSORIN FÜR SOZIALE UND PÄDAGOGISCHE ARBEIT MIT FRAUEN, FILMEMACHERIN, VERLEGERIN

Dagmar Schultz ist eine Pionierin der Neuen Frauenbewegung und kämpft ihr gesamtes Leben gegen jegliche Form der Unterdrückung. Die Tatsache, dass „wir alle ein wenig Macht haben", stellt sie dabei immer wieder aufs Neue unter Beweis.

Dagmar Schultz studiert zunächst in Berlin Publizistik, Nordamerikanistik und Romanistik. 1963 zieht sie in die USA und studiert an der University of Michigan zusätzlich Journalismus und Theater. Nach ihrem Masterabschluss will sie als Dokumentarfilmerin im Fernsehen arbeiten, scheitert allerdings an den patriarchalen Machtstrukturen. Doch das hält sie nicht davon ab, ihren eigenen Weg zu gehen. Sie unterrichtet an einem Schwarzen College in Mississippi. Dann arbeitet sie in Puerto Rico bei den Armutsbekämpfungsprogrammen mit. Schließlich gibt sie Seminare zu Women's Studies sowie „race and class" am Columbia College in Chicago. 1972 promoviert sie an der University of

Wisconsin-Madison. Parallel dazu engagiert sie sich die ganze Zeit über sehr aktiv in der Bürgerrechts- und Frauenbewegung.
1973 kehrt Dagmar Schultz nach Berlin zurück und lehrt dort an der Freien Universität (kurz: FU) Women's Studies sowie Cultural and Immigration Issues. Zusätzlich setzt sie sich weiterhin aktiv für die Frauenbewegung ein. 1974 gründet sie gemeinsam mit anderen Frauen das deutschlandweit erste *Feministische FrauenGesundheitsZentrum* in Berlin, in dem sie bis 1981 mitarbeitet. Im selben Jahr gründet sie zusammen mit Roswitha Burgard den *Frauenselbstverlag* (später *sub rosa* und seit 1986 *Orlanda Frauenverlag*), der auf feministische Literatur und Frauengesundheit spezialisiert ist. Diesen leitet sie bis 2001 als Verlegerin.
1984 verhilft sie der feministischen, afromaerikanischen, lesbischen Aktivistin und Poetin Audre Lorde zu einer Gastprofessur an der FU Berlin. Über Audre Lordes Zeit in Berlin dreht Dagmar Schultz viele Jahre später einen Dokumentarfilm, der 2012 auf der Berlinale uraufgeführt wird. Sie gründet außerdem das *Audre-Lorde-Archiv* an der FU Berlin, in dem der Nachlass der afroamerikanischen Aktivistin erschlossen und der Öffentlichkeit zugänglich gemacht wird.
1989 habilitiert Dagmar Schultz und erhält zwei Jahre später einen Ruf an die Alice-Salomon-Hochschule in Berlin. Dort ist sie bis zu ihrer Emeritierung im Jahr 2004 Professorin für Soziale und Pädagogische Arbeit mit Frauen. Ihre Forschungsschwerpunkte liegen unter anderem in den Bereichen interkulturelle und antirassistische Sozialarbeit, sowie Frauen- und Geschlechterstudien.

Dagmar Schultz zeigt, dass jede Einzelne von uns eine Menge erreichen kann, um für eine solidarische und gerechtere Welt einzustehen. Sie ist ein großartiges Vorbild im Kampf gegen Rassismus, Sexismus und jede andere Form der Unterdrückung.

JUTTA
SCHWERIN

„Lesben werden nicht hauptsächlich deswegen diskriminiert, weil sie ‚anders' sind, sondern weil sie die Annahme der untergeordneten Rolle, die Frauen im Patriarchat zugedacht ist, verweigern."

JUTTA SCHWERIN

GEBOREN AM 25. FEBRUAR 1941
IN JERUSALEM, PALÄSTINA

POLITIKERIN, ARCHITEKTIN, LESBENAKTIVISTIN

Jutta Schwerin war lange Zeit die einzige offen lesbisch lebende Bundestagsabgeordnete in Deutschland. Sie ist eine Pionierin im Kampf um lesbische Sichtbarkeit.

Jutta Schwerin kommt 1941 in Jerusalem zur Welt. Ihre Eltern mussten aus dem nationalsozialistischen Deutschland fliehen. Beide Elternteile sind überzeugte Kommunist*innen, ihr Vater ist zudem Jude. Als Jutta Schwerin gerade mal sechs Jahre alt ist, stirbt ihr Vater. Sie wächst fortan bei ihrer Mutter auf und lernt früh, sich durchzusetzen. Im Alter von 17 Jahren weigert sie sich, den israelischen Militärdienst abzuleisten, mit der Begründung, dass ihre Mutter keine Jüdin sei und sie deshalb nicht dieselben Rechte wie andere habe. Sie wird nach einem Gespräch mit dem damaligen Staatsminister schließlich von ihrer Wehrpflicht entbunden. Nach ihrem Schulabschluss verlässt Jutta Schwerin 1960 Israel und arbeitet zunächst in einem jüdischen Kinderheim in der Schweiz.

Zwei Jahre später zieht sie nach Deutschland und studiert in Stuttgart Architektur.
Im selben Zeitraum wird sie auch zunehmend politisch aktiv. Sie engagiert sich in der Ostermarsch-Bewegung und wird Mitglied im Sozialistischen Deutschen Studentenbund SDS. Später engagiert sie sich ebenfalls in der Kinderladen- und Frauenbewegung. 1974 wird sie Mitglied bei der SPD, tritt jedoch 1980 aufgrund des von der SPD mitgetragenen NATO-Doppelbeschlusses wieder aus, um wenige Jahre später in die Partei Die Grünen einzutreten.
Über die Landesliste der Grünen wird Jutta Schwerin 1987 in den Deutschen Bundestag gewählt. Dort eckt sie regelmäßig mit ihren Positionen an. Bekannt wird sie unter anderem durch ihren Zwischenruf im November 1988 bei der Rede des damaligen Bundestagspräsidenten Philipp Jenninger anlässlich der Gedenkfeier zum 50. Jahrestag der Reichspogromnacht. Im November 1989 verlässt Jutta Schwerin aus Protest den Saal, als zum Fall der Mauer die deutsche Nationalhymne im Bundestag angestimmt wird. In ihrer knapp vierjährigen Amtszeit unterzeichnet sie insgesamt 137 parlamentarische Initiativen, viele darunter zur Gleichstellung von Frauen und Lesben.
Als die Grünen 1990 den Wiedereinzug ins Parlament verpassen, wird Jutta Schwerin Sprecherin beim *LesbenRing*. 1994 wechselt Jutta Schwerin erneut die Partei und kandidiert für die Feministische Partei Die Frauen. Neben ihrem politischen Engagement ist sie bis 2008 als freie Architektin tätig.

Jutta Schwerin ist eine Frau mit klarer Haltung, die auch nicht davor zurückschreckt, unbequeme und unpopuläre Positionen zu verteidigen. Wie kaum eine andere steht sie für die Sichtbarkeit von Lesben im Deutschen Bundestag.

SANDRA
SELIMOVIĆ

„Wenn ich selber produziere oder Regie führe, stelle ich nie eine Frau als Dummchen und Naivchen dar, sondern als starke Frau. Selbst wenn sie in irgendeiner Form leidet, ist sie eine starke Frau, die sich zum Schluss transformiert und einfach die Gewinnerin ist."

SANDRA SELIMOVIĆ

GEBOREN AM 2. MÄRZ 1981
IN ZAJEČAR, SERBIEN; AUFGEWACHSEN IN WIEN, ÖSTERREICH

SCHAUSPIELERIN, REGISSEURIN, RAPPERIN, ROMA-AKTIVISTIN

Sandra Selimović erzeugt mit ihren Inszenierungen starke Bilder von Frauen, von Lesben sowie von Roma und Romnija.

Schon als Kind steht Sandra Selimović auf der Bühne und tanzt Hip-Hop. Ihre Lehrerin motiviert sie dazu, auch Theater zu spielen. Bereits mit 12 Jahren wird Sandra Selimović für eine Filmrolle als Romni gecastet. Zu diesem Zeitpunkt ist sie noch zu jung, um sich der rassistischen Vorurteile, die im Film reproduziert werden, bewusst zu sein. Dieser ist überladen mit Roma-Klischees und zeigt, dass sich die Filmproduzenten überhaupt nicht mit der Kultur der Roma-Bevölkerung befasst haben. Mit 15 Jahren lernt Sandra Selimović den Regisseur Karl Wozek kennen, der ihr Talent entdeckt und sie zum Ensemblemitglied seiner Theatergruppe macht. Sie nimmt privaten Schauspielunterricht bei ihm und legt 2004 ihr Diplom als Schauspielerin ab. 2006 trifft sie außerdem auf die Regisseurin Tina Leisch, die dafür bekannt ist, mit gesellschaft-

lichen Randgruppen Theaterprojekte zu inszenieren. Bald fängt Sandra Selimović auch damit an, selbst Regie zu führen – zuerst mit Jugendlichen, ein paar Jahre später auch mit Erwachsenen.
Sandra Selimović kämpft mit ihrer Arbeit gegen Antiromaismus sowie für die Gleichberechtigung von Frauen und LGBT+. 2010 gründet sie gemeinsam mit ihrer Schwester Simonida Selimović den ersten feministischen Romatheaterverein *Romano Svato*. Wenig später gründen sie gemeinsam das Rap-Duo *Mindj Panther* und treten seitdem auf verschiedenen Festivals auf. Auf der Grundlage ihrer Performance schreiben sie außerdem ein Konzept für ein Theaterstück. Das Maxim Gorki Theater in Berlin ist auf Anhieb begeistert und will das Werk inszenieren. Die Regisseurin Yael Ronen entwickelt mit den Schauspieler*innen das Stück *Roma Armee*, das 2017 uraufgeführt wird. Das Ensemble setzt sich aus Roma und Romnija aus unterschiedlichen Ländern zusammen und spiegelt ein starkes Bild der Roma-Community wider. Auf der Bühne formt sich eine Gruppe zusammen, die gegen strukturelle Diskriminierung, Rassismus und Antiromaismus kämpft und sich damit aus der internalisierten Opferrolle emanzipiert und selbstermächtigt. Es ist das erste Mal in der Geschichte, dass auf einer Staatstheater-Bühne ein Stück mit und über Roma aufgeführt wird.
Auch zukünftig will Sandra Selimović weiter politisch aktiv sein – als Rapperin, Schauspielerin und Regisseurin. Sie hat es satt, dass weiße Filmproduzenten ständig rassistische Stereotype über Roma reproduzieren. Stattdessen will sie mehr Filme von Romnija über Romnija sehen, die ein vielseitiges Bild der Roma-Bevölkerung wiedergeben.

Sandra Selimović ist eine Vorkämpferin für die Rechte von Frauen und LGBT+ innerhalb der Roma-Community. Mit ihrer aktivistischen Arbeit setzt sie außerdem ein wichtiges Zeichen gegen Antiromaismus und jede andere Form der Diskriminierung.

DUFFY
SYLEJMANI

*„FEMME DMC
ist der erste Schritt,
um Frauengeschichte zu
schreiben, Plätze
einzunehmen und nicht
darauf zu warten,
ob jetzt irgendwas von
selber kommt."*

DUFFY SYLEJMANI

GEBOREN AM 30. JUNI 1989
IN DRAGASH, KOSOVO

**RAPPERIN, PRODUZENTIN,
GRÜNDERIN VON FEMME DMC**

Duffy Sylejmani weiß aus eigener Erfahrung, wie schwierig es ist, sich als Frau in der Musikbranche durchzusetzen. Mit FEMME DMC will sie in Zukunft auch andere Frauen auf ihrem Weg unterstützen.

Seit sie denken kann, will Dafina Sylejmani – die von allen Duffy genannt wird – Musik machen. Schon als Kind schreibt sie ihre eigenen Songs und nimmt diese auf Kassette auf. Ihre Karriere als Musikerin beginnt allerdings erst zu einem späteren Zeitpunkt in Österreich. Als sie 13 Jahre alt ist, flieht ihre Familie aus dem Kosovo und baut sich ein neues Leben in Linz auf. Dort lernt Duffy schließlich eine albanische Hip-Hop-Gruppe kennen, der sie sich anschließt. 2010 tritt sie zum ersten Mal als Künstlerin auf. Nach einer Weile bekommt sie aber als einzige Frau in der Gruppe das Gefühl, ein feminines Frauenbild verkörpern zu müssen, das ihr nicht entspricht. Daraufhin beschließt sie, ihren eigenen Weg zu gehen. „Ich wusste, dass das der schwierigste

Weg ist und viel länger dauert, als wenn man jetzt dem Ganzen nachgibt. Aber ich wusste auch, dass wenn ich hart bleibe und das wirklich durchziehe, dass sich das dann am Ende lohnt."
2015 zieht Duffy nach Wien und studiert dort an der Akademie der Bildenden Künste. Sie lernt, ihre Musik selbst aufzunehmen, ihre eigenen Musikvideos zu produzieren und sich zu vermarkten. In derselben Zeit, in der sie mit ihrem Studium anfängt, entsteht auch ihr Konzept für FEMME DMC. FEMME DMC soll ein Kollektiv von Rapperinnen, Künstlerinnen, Tänzerinnen und letztlich allen Frauen sein, die Teil des Netzwerks sein wollen. Wenige Monate später veranstaltet Duffy bereits ihr erstes FEMME DMC Event. Der Zuspruch von außen ist schon vom ersten Moment an viel größer, als sie erwartet hatte. Es finden sich immer mehr Frauen zusammen, die Teil des Kollektivs werden wollen.
2018 bringt Duffy unter ihrem Künstlerinnennamen *Dacid Go8lin* ihre erste EP *Qart* heraus. Während sie früher hauptsächlich auf Albanisch oder gelegentlich auf Englisch rappte, rappt sie inzwischen auch auf Deutsch. Viel wichtiger ist ihr jedoch, dass sie ihre Gefühle – unabhängig von der Sprache – mit ihren Liedern zum Ausdruck bringen kann. Mittlerweile hat sie schon über 100 Songs geschrieben und produziert. Mit FEMME DMC legt Duffy inzwischen den Fokus vor allem darauf, andere Künstlerinnen dabei zu unterstützen, sich auf dem Markt zu etablieren. Seit einigen Jahren arbeitet sie für verschiedene Künstlerinnen als Produzentin. Ihre Vision für die Zukunft ist es, dass FEMME DMC ein internationales Netzwerk wird, das Frauen auf der ganzen Welt empowered.

Duffy Sylejmani lässt sich nicht verbiegen oder in irgendeine Schublade stecken. Sie macht ihr eigenes Ding und ermutigt andere Frauen dazu, genau dasselbe zu tun. Mit FEMME DMC schafft sie ein starkes Netzwerk, um genau dieses Ziel zu erreichen.

MARGARETE
VOLL

„Es ist noch immer notwendig, sich Gedanken darüber zu machen, wie es gelingen kann, als Frau in einem männlich geprägten Unternehmen Führung zu übernehmen. Und dieses Ziel ist für Lesben eine doppelte Herausforderung, weil sie zum einen als Frauen dort in der Minderheit sind, und zum zweiten sind sie es auch noch als Lesben."

MARGARETE VOLL

GEBOREN AM 27. MÄRZ 1956
IN BAD KISSINGEN, DEUTSCHLAND

**INITIATORIN DER WIRTSCHAFTSWEIBER,
MANAGERIN A. D. IN EINEM GLOBALEN VERSICHERUNGSUNTERNEHMEN**

Margarete Voll weiß, was es bedeutet, sich als Frau in einer Männerdomäne durchzusetzen. Sie ist davon überzeugt, dass Frauen Netzwerke brauchen, um persönlich und beruflich voranzukommen. Auf der Suche nach Gleichgesinnten legt sie am Beginn ihrer Karriere den Grundstein für die Entstehung der *Wirtschaftsweiber* – des bundesweiten Netzwerks für lesbische Fach- und Führungskräfte.

Zu Beginn ihrer beruflichen Laufbahn ist Margarete Voll noch weit entfernt von einer männlich dominierten Arbeitswelt. Sie besucht ein Mädchengymnasium und arbeitet nach ihrem Lehramtsstudium der Germanistik und katholischen Theologie an einer kirchlichen Fachschule für Sozialpädagogik. Dort bildet sie junge Frauen zu Erzieherinnen aus. Parallel dazu macht sie eine Fortbildung in der Erwachsenenbildung. Neben ihrer Tätigkeit als Lehrerin ist sie auch ehrenamtlich sehr engagiert. Sie ruft Kinder- und Jugendbuchwochen mit ins Leben, arbeitet für einen Verlag und gibt Seminare für Kinder- und Jugendliteratur. Mit Mitte 30 fasst Margarete Voll den Entschluss, etwas komplett Neues auszuprobieren. Sie kündigt ihre bis dahin sichere Stelle, in dem Selbstvertrauen, dass ihre Kompetenzen ihr eine neue Stelle eröffnen werden. Eine Freundin, die in einem globalen Versicherungsunternehmen arbeitet, lädt sie dort als externe Trainerin ein. Über ihre Arbeit als Freiberufliche wird Margarete Voll nach und nach im Unternehmen bekannt, bis sie in Stuttgart als Bildungsreferentin eine Festanstellung erhält.

Die ersten Jahre im Versicherungsunternehmen betrachtet Margarete Voll als persönliche Probezeit, in der sie herausfindet, ob sie sich in der neuen Unternehmenskultur etablieren kann und will. Es dauert nicht lange, bis zwei Abteilungsleiter auf sie zukommen und sie dazu drängen, Führung zu übernehmen. Eine Karriereoption, die für sie bis zu diesem Zeitpunkt überhaupt nicht existierte: „Ich hatte nie das Bild von mir, dass ich so was wie Karriere machen würde oder gar in einem Versicherungsunternehmen eine leitende Position einnehme. Das war mir überhaupt kein Begriff, so als gäbe es das nicht." Entschlossen nimmt sie jedoch die neue Herausforderung an und wird Abteilungsdirektorin im Unternehmen. In den kommenden Jahren folgen mehrere Neugründungen, an denen Margarete Voll in leitenden Positionen beteiligt ist.

Mit ihrer neuen Verantwortung als Führungskraft sucht Margarete Voll den Austausch zu anderen lesbischen Frauen aus der Wirtschaft. Eine Suche, die sich Ende der 90er Jahre noch als schwierig gestaltet. Eine der damals rar gesäten Veranstaltungen für Lesben ist die jährlich stattfindende Tagung für Lesben in der Evangelischen Akademie Bad Boll. Die Veranstaltung richtet sich hauptsächlich an Lehrerinnen, Sozialpädagoginnen und Kirchenangestellte. Da die Tagung jedoch von sehr vielen Lesben besucht wird, nutzt Margarete Voll die Gelegenheit. Am letzten Tag steht sie in der offenen Runde mit folgenden Worten

auf: „Hallo, ich bin ein Wirtschaftsweib, das heißt ich arbeite in einem Großkonzern und sollte es hier unter euch zweihundert Frauen auch noch welche geben, die in Großkonzernen oder in der Wirtschaft arbeiten, freue ich mich, euch kennenlernen zu können.“ Es finden sich auf der Tagung ungefähr zehn Frauen, die ebenfalls wissen wollen, wie viele es von ihnen gibt. Margarete Voll schreibt daraufhin im Stuttgarter Frauenkulturzentrum Sarah eine Abendveranstaltung „für Lesben, die in Wirtschaftsunternehmen arbeiten, mit der Frage, ob es sich lohnt, ein Netzwerk zu gründen“ aus.
Dies ist der Beginn der *Wirtschaftsweiber*. Zunächst treffen sich die Frauen aus dem süddeutschen Raum dreimal im Jahr zu Wochenend-Workshops auf der Schwäbischen Alb. Es gibt vieles zu klären, wie u. a. das Thema Outing im Berufsleben oder die Frage, was Frauen bei Gehaltverhandlungen einfordern sollten. Bald schon wird diskutiert, ob sie als loses Netzwerk bestehen bleiben oder sich als Verein zusammenschließen. Eine Vereinsgründung birgt auch immer die Gefahr, dass wegen organisatorischer Herausforderungen das Netzwerk auseinanderbricht. Dennoch fällt der Entschluss, einen Verein zu gründen. Im Jahr 1999 werden die *Wirtschaftsweiber* als eingetragener Verein registriert. Eine kleine Gruppe, zu der Margarete Voll dazugehört, erarbeitet in diesem Zeitraum die Vereinsstruktur. Die eigentlichen Inhalte der Netzwerktreffen bestehen jedoch weiterhin aus Wissensaustausch und Empowerment.
So stehen auch nach der Vereinsgründung die wirtschafts- und netzwerkorientierten Themen im Mittelpunkt. Dies zeichne laut Margarete Voll auch den fortlaufenden Erfolg der *Wirtschaftsweiber* aus. Die Anzahl der Mitglieder steigt an, sodass sich bald nicht nur im Südwesten Lesben unter dem Label *Wirtschaftsweiber* treffen. Es kommt zur Gründung von Regionalgruppen in ganz Deutschland. Mittlerweile sind die *Wirtschaftsweiber* auch international gut vernetzt. Unter anderem sind

sie im Vorstand der *European Gay and Lesbian Management Association* und haben enge Kontakte zum Schweizer Pendant *WyberNet*. Zudem bestehen viele Kooperationen mit dem Bundesverband schwuler Führungskräfte *Völklinger Kreis*. Diese Zusammenarbeit ermöglicht beiden Vereinen eine hohe Öffentlichkeitswirksamkeit und politische Relevanz.
In ihrem Unternehmen ist Margarete Voll sowohl Kolleg*innen als auch Mitarbeiter*innen als offen lebende Lesbe bekannt. Wo auch immer sie Einfluss nehmen kann, engagiert sie sich dafür, dass Frauen Verantwortung übernehmen und einflussreiche Positionen einnehmen können und wollen. Ihr Anspruch an sich und andere lautet immer, dass es nicht genügt, als Frau Karriere zu machen, sondern dass dabei auch andere Frauen mitgenommen und gefördert werden müssen. Durch ihre Initiativen, durch die Ermutigung, etwas zu wagen, und durch ihre persönliche Offenheit ist sie auch innerbetrieblich für viele junge Frauen ein Role Model.
Inzwischen ist Margarete Voll als Führungskraft pensioniert. Im Versicherungsunternehmen war sie zuletzt Personalleiterin von zwei Standorten mit insgesamt 2.300 Mitarbeiter*innen. Bei den *Wirtschaftsweibern* ist sie auch weiterhin aktiv und setzt sich in der Regionalgruppe Stuttgart für mehr lesbische Sichtbarkeit ein.

Margarete Volls Lebenslauf zeigt, dass es sich lohnt, aus der Komfortzone herauszugehen, um sich neuen Herausforderungen zu stellen. Selbstsicher und zielstrebig hat sie sich in einem männlich dominierten Berufsumfeld etabliert und parallel dazu ein wertvolles Netzwerk für berufstätige Lesben aufgebaut. Seit über 20 Jahren setzen die *Wirtschaftsweiber* nun schon ein wichtiges Zeichen für mehr Sichtbarkeit von Lesben in der Arbeitswelt.

TANJA
WALTHER-
AHRENS

„Ich würde mir mehr Menschen wünschen, die bereit sind sich darauf einzulassen, dass Sport bzw. Fußball auch eine soziale Verantwortung hat und zwar in vielfältigster Form. Wer etwas gegen Homophobie tut, tut etwas für einen freundlicheren, offeneren und bunteren Fußball. Das tut allen gut, nicht nur Betroffenen."

TANJA WALTHER-AHRENS

GEBOREN AM 9. OKTOBER 1970
IN GIESSEN, DEUTSCHLAND

EHEMALIGE DEUTSCHE BUNDESLIGA-FUSSBALLSPIELERIN, SPORTWISSENSCHAFTLERIN, SONDERPÄDAGOGIN

Tanja Walther-Ahrens setzt sich seit vielen Jahren gegen Homophobie und Sexismus im Fußball ein. Sie will, dass Homosexualität im Leistungssport kein Tabuthema mehr darstellt.

Seit sie laufen kann, spielt Tanja Walther-Ahrens Fußball. Als Kind steht sie noch gemeinsam mit den Jungs auf dem Platz. Mit 14 Jahren muss sie aufgrund der Geschlechtertrennung im Verein ins Mädchenteam wechseln. Ab der nächsten Saison spielt sie mit dem Frauenteam und regelmäßig in der Hessenauswahl. Nach dem Abitur zieht Tanja Walther-Ahrens nach Berlin, um dort Sport und Sonderpädagogik zu studieren. Parallel spielt sie bei Tennis Borussia Berlin. 1994 erhält sie zusätzlich ein Sport-Stipendium in den USA. Zurück in Deutschland spielt sie ab 1995 bei Turbine Potsdam in der Bundesliga weiter.
1998 nimmt Tanja Walther-Ahrens an den *Gay Games* in Amsterdam teil. Rund 14.000 Lesben und Schwule aus der ganzen Welt machen

dort gemeinsam Sport und verwandeln die Stadt für eine Woche in einen queeren Hotspot. Die Außenwirkung des Events beeindruckt die Sportlerin nachhaltig und löst in ihr den Anreiz aus, sich selbst lesbenpolitisch zu engagieren. 1999 wird Tanja Walther-Ahrens Trainerin beim lesbischen Sportverein *Seitenwechsel* in Berlin. Außerdem organisiert sie in den nächsten Jahren viele Podiumsdiskussionen und Workshops zum Thema Homosexualität im Fußball. 2006 wird sie Delegierte der *European Gay & Lesbian Sport Federation* (kurz: EGLSF). Gemeinsam mit dem Verband aktualisiert sie die Ausstellung *Gegen die Regel – Schwule und Lesben im Sport*. Diese fand zuvor in Köln statt und wird 2010 im Roten Rathaus in Berlin neu eröffnet. 2011 veröffentlicht Tanja Walther-Ahrens außerdem ihr Buch *Seitenwechsel: Coming-out im Fußball*. Für ihr sportpolitisches Engagement erhält sie mehrere Preise, darunter 2008 den Tolerantia-Preis sowie 2011 den Augspurg-Heymann-Preis. Von 2011 bis 2013 leitet Tanja Walther-Ahrens die Arbeitsgruppe „Bildung" als Teil der Kommission Nachhaltigkeit des Deutschen Fußball-Bundes. Ab 2013 sitzt sie zusätzlich im Präsidium des Berliner Fußball-Verbandes. Damit ist sie die erste Frau mit einer solchen Position. Ihr Hauptanliegen dort ist es, mehr Sichtbarkeit von Frauen und Mädchen im Berliner Fußball zu schaffen. Sie merkt jedoch bald, dass im Verband nicht der Wunsch nach tatsächlicher Veränderung besteht, und tritt daher 2015 von ihrem Amt zurück.
Seit 2006 arbeitet Tanja Walther-Ahrens als Sonderpädagogin an einer Schule mit dem Förderschwerpunkt körperliche und motorische Entwicklung in Berlin. Dort ist sie neben ihrer Lehrtätigkeit Kontaktperson für sexuelle Vielfalt. Auch bei *Seitenwechsel* ist sie weiterhin aktiv. Ihr großes Ziel ist es, bis sie 60 ist, noch Fußball zu spielen.

Tanja Walther-Ahrens setzt mit ihrem sportpolitischen Engagement ein wichtiges Zeichen für mehr Offenheit und Akzeptanz im Leistungssport.

ASTRID
WEINWURM-
WILHELM

„Wir sind ein Netzwerk zur Förderung der Sichtbarkeit lesbischer Frauen im Arbeitsleben. Wir sprechen dementsprechend alle Frauen im Arbeitsleben an. Nicht nur die Führungskräfte, nicht nur die Selbstständigen und Wissenschaftlerinnen, sondern alle."

ASTRID WEINWURM-WILHELM

GEBOREN AM 25. SEPTEMBER 1973
IN WIEN, ÖSTERREICH

PRÄSIDENTIN DER QUEER BUSINESS WOMEN, SYSTEMISCHE COACH, ORGANISATIONSBERATERIN

Akzeptanz von Lesben und Diversität im Arbeitsleben sind für Astrid Weinwurm-Wilhelm zentrale Themen, die sie nicht nur in ihrer Funktion als Präsidentin der *Queer Business Women* entschlossen verfolgt.

Astrid Weinwurm-Wilhelm studiert internationale Betriebswirtschaftslehre in Wien. Im Anschluss ist sie zunächst in einem österreichischen Pharmaunternehmen und später in der Immobilienbranche tätig. Nach einem zusätzlichen Master in Organisations- und Personalentwicklung macht sie sich 2012 als systemische Coach und Organisationsberaterin selbstständig und baut mit *Blickweisen* ihre eigene Marke auf.
Während sie zu Beginn vor allem Teams und Führungskräfte in deren Entwicklung begleitet, legt sie bald ihren Schwerpunkt auf den Bereich Diversity Management. Gemeinsam mit einer Beraterkollegin entwickelt sie das Diversitytrainingsformat *Spiel des Arbeitslebens*. Im Rahmen des Spiels setzen sich die Teilnehmer*innen intensiv mit den Diversity-

Dimensionen Alter, Geschlecht, kulturelle Herkunft, Religionszugehörigkeit, Behinderung und sexuelle Orientierung auseinander. Das Spiel findet großen Anklang und wird auch über Österreich hinaus angefragt.
Doch nicht nur beruflich macht sich Astrid Weinwurm-Wilhelm für mehr Diversität im Arbeitsleben stark. Seit 2010 ist sie nun schon Mitfrau bei den *Queer Business Women* (kurz: QBW). Das österreichweite Netzwerk besteht seit 2005 und hat sich zum Ziel gesetzt, lesbische Frauen im Berufsleben zu fördern. Dabei ist es den QBW besonders wichtig, dass sich alle Frauen durch das Netzwerk repräsentiert fühlen. Über das Jahr verteilt gibt es für die Mitfrauen ein vielseitiges Angebot an Veranstaltungen.
Seit 2013 ist Astrid Weinwurm-Wilhelm Präsidentin der QBW. In dieser Funktion plant und organisiert sie diverse Veranstaltungen, treibt Fördergelder auf und kümmert sich um Organisationspartnerschaften. Gemeinsam mit den *Austrian Gay Professionals* gründen die QBW 2019 den Dachverband *Pride Biz Austria*. Dieser vergibt Preise an Unternehmen und Wissenschaftler*innen, die sich in besonderer Weise für die Sichtbarkeit und Akzeptanz von LGBT+ Personen einsetzen. Trotz der guten Zusammenarbeit mit dem schwulen Netzwerk wollen die QBW jedoch auch zukünftig als eigenständiges Frauennetzwerk bestehen bleiben. Eine Zusammenführung beider Vereine könnte die Gefahr bergen, dass frauenspezifische Themen untergehen, betont Astrid Weinwurm-Wilhelm. Auch 2020 wird sie wieder als Präsidentin der QBW gewählt und setzt sich somit weiterhin aktiv für das Netzwerk ein.

Mit viel Leidenschaft und Energie bringt sich Astrid Weinwurm-Wilhelm seit vielen Jahren schon bei den *Queer Business Women* ein und leistet damit österreichweit einen wichtigen Beitrag zur Sichtbarkeit und Akzeptanz von lesbischen Frauen im Berufsleben.

ANNE
WILL

„Journalismus ist
ein Handwerk, und an
diesem Handwerk
habe ich gearbeitet.
Ich habe verstanden,
an welchen meiner
Schwächen ich arbeiten
muss, ohne dabei meine
Stärken aus dem Blick
zu verlieren."

ANNE WILL

GEBOREN AM 18. MÄRZ 1966
IN KÖLN, DEUTSCHLAND

JOURNALISTIN, FERNSEHMODERATORIN, UNTERNEHMERIN, PRODUZENTIN

Fast 30 Jahre steht Anne Will nun schon vor der Kamera. Wer ihre Talkshow sieht, merkt schnell, mit wie viel Freude und Präsenz sie ihren Beruf ausübt. Kaum vorstellbar, dass sie ursprünglich gar nicht ins Fernsehen wollte.

Bereits im Alter von 16 Jahren hat Anne Will den Wunsch, Journalistin zu werden. Nach dem Abitur studiert sie zunächst in Köln und später in Berlin Geschichte, Politikwissenschaft und Anglistik. Neben dem Studium will sie auch schnell praktische Einblicke in den Journalismus bekommen und beginnt als Praktikantin bei der *Kölnischen Rundschau*. Der Beruf ist zwar völlig anders, als sie ihn sich vorgestellt hat, aber sie merkt schon bald: Genau das ist es!
Nach ihrem Magisterabschluss kommt Anne Will 1991 als Volontärin zum Sender Freies Berlin (kurz: SFB). Ihr Interesse gilt vor allem dem Hörfunk. Das Fernsehen findet sie eher uninspirierend. Das ändert sich

erst, als sie in ihrer letzten Ausbildungsstation bei der Sportredaktion landet. Der damalige SFB-Sportchef, Jochen Sprentzel, ist schnell begeistert von Anne Wills Ausstrahlung und versucht, sie vom Fernsehformat zu überzeugen. Mit 26 Jahren steht sie zum ersten Mal live als Moderatorin vor der Kamera. Es macht ihr keinen Spaß. Doch beim SFB ist die Begeisterung groß, ein neues Moderationstalent gefunden zu haben. Anne Will wächst schnell in ihr neues Aufgabengebiet hinein und findet am Medium Fernsehen doch noch Gefallen. In den kommenden Jahren moderiert sie verschiedene Formate im SFB und WDR. 1999 wird sie die erste Moderatorin der *Sportschau* – nach 38 Jahren Sendezeit.
Kurz darauf wird Anne Will Moderatorin bei den *Tagesthemen*, bis ihr die ARD einen eigenen Sendeplatz anbietet – als Nachfolgerin der politischen Talkshow von Sabine Christiansen. Sie gründet 2007 die *Will Media GmbH*, von der aus die Produktion der Sendung ANNE WILL gesteuert wird. Als Moderatorin ist sie bekannt für ihre Hartnäckigkeit und ihre präzisen Fragestellungen. Als Unternehmerin pflegt sie einen kooperativen Führungsstil.
Überhaupt ist Anne Will ein sehr verantwortungsbewusster Mensch. Sie ist Botschafterin für den *Raum der Namen* des Holocaust-Denkmals in Berlin und Mitunterzeichnerin der Initiative *Pro Quote*, die einen höheren Anteil von Frauen in Führungspositionen in der deutschen Medienbranche erreichen will. Seit einiger Zeit engagiert sie sich außerdem für das Integrationsprojekt *Scoring Girls*, das Mädchen aus Flüchtlingsfamilien und benachteiligten Familienverhältnissen mit regelmäßigem und kostenlosem Fußballtraining fördert.

Anne Will begeistert immer wieder aufs Neue ihre Zuschauer*innen mit ihrer souveränen und humorvollen Art. Sie ist eine herausragende Journalistin, eine verantwortungsvolle Unternehmerin und ein wundervolles Role Model für lesbische Sichtbarkeit.

SABINE
WUNDERLIN

*„Ich habe mitbekommen,
dass es in Zürich an der
Kunstgewerbeschule eine
Fotofachklasse gibt. Die hatten
sehr harte Aufnahmebedingungen.
Im ersten Moment bin ich da
zurückgeschreckt, aber im
zweiten Moment habe ich
wirklich realisiert: Ich will das!
Ich will an diese Schule!
Und ich habe dann als Folge
natürlich alles gemacht,
um diese Voraussetzungen
zu erfüllen."*

SABINE WUNDERLIN

GEBOREN AM 5. AUGUST 1953
IM FRICKTAL, SCHWEIZ

FOTOGRAFIN, LESBENAKTIVISTIN

Über 30 Jahre lang arbeitet Sabine Wunderlin als Pressefotografin bei der Schweizer Wochenzeitung *Sonntagsblick*. Zu ihrem Traumberuf kommt sie allerdings erst über Umwege.

Sabine Wunderlin macht zunächst eine Ausbildung zur Primarlehrerin. An der Schule merkt sie jedoch relativ schnell, dass sie in diesem Beruf nicht glücklich wird, und sucht nach Alternativen. Schon seit der Schulzeit fotografiert sie leidenschaftlich gerne, ist jedoch bisher nie auf die Idee gekommen, diese Passion zum Beruf zu machen. Sie erfährt, dass es in Zürich an der Kunstgewerbeschule eine Fotofachklasse gibt. Hierfür werden nur fünf Teilnehmende zugelassen, die in Form einer dreitägigen Aufnahmeprüfung ausgewählt werden. Sabine Wunderlin ist eine davon und macht ab 1980 eine vierjährige Ausbildung zur Fotografin. Als Abschlussarbeit thematisiert sie Frauen im Militär. Dort hält sie fotografisch fest, wie sich die Frauen an der Rekrutenschule von ihrer

femininen Erscheinung in Stöckelschuhen und Rock im Laufe des Tages in Soldatinnen in Uniform verwandeln.
Nach ihrer Ausbildung beginnt Sabine Wunderlin als Pressefotografin bei der Schweizer Wochenzeitung *Sonntagsblick*. Schon bald reist sie durch ganz Europa und fotografiert für die Ressorts Politik, Wirtschaft, Kunst und Kultur. Insbesondere zu Beginn genießt sie sehr viele Freiheiten. Nach und nach bekommt sie jedoch den stetigen Wandel des Printjournalismus zu spüren. Die meisten ihrer Kolleginnen bleiben nicht lange, sodass Sabine Wunderlin als Frau oft die einzige Fotografin in der sowieso schon männlich dominierten Zeitung ist.
In Zürich beginnt auch ihr frauen- und lesbenpolitisches Engagement. 1988 gründet Sabine Wunderlin gemeinsam mit der Rechtsanwältin Nadja Herz und anderen Aktivistinnen die Lesbenberatung im Zürcher Frauenzentrum. Einmal die Woche bieten sie dort telefonische Auskunft für Lesben an. Zusätzlich ist Sabine Wunderlin bei der Frauenzeitung *FRAZ* involviert. Auch in der *LOS – Lesbenorganisation Schweiz* ist sie von Beginn an aktiv mit dabei.
Die Digitalisierung zur Jahrtausendwende verändert die Arbeitsbedingungen im Printjournalismus schließlich radikal. Die Einnahmen werden immer weniger, viele Mitarbeitende sind aufgrund der massiven Einsparungen von Entlassung bedroht. 2017 geht Sabine Wunderlin, nach 33 Jahren als Pressefotografin, in Pension und engagiert sich nun wieder vermehrt lesbenpolitisch. Im Februar 2020 dokumentiert sie u. a. die bewegenden Momente während der Schweizer Volksabstimmung zum *Verbot der Diskriminierung aufgrund der sexuellen Orientierung.*

Mit Talent, starkem Willen und Durchhaltevermögen ist es Sabine Wunderlin gelungen, ihre Leidenschaft zum Beruf zu machen. Sie setzt außerdem seit vielen Jahren als Fotografin und Aktivistin ein wichtiges Zeichen für lesbische Sichtbarkeit.

WER BRAUCHT SCHON KATEGORIEN?
WARUM WIR UNS AUCH HEUTE NOCH ALS LESBEN BEZEICHNEN

SUSANNE KALKA

Die Idee zu diesem Buch entstand im Herbst 2018. Zwar gab es zu dieser Zeit schon einige Publikationen über feministische Role Models, wir fanden allerdings weit und breit kein einziges Buch, das explizit lesbische Frauen in den Vordergrund stellte. Daran wollten wir etwas ändern! Wir reichten, damals noch zu dritt, unser Buchkonzept beim Querverlag ein. Simone Tichter, die bis zu diesem Zeitpunkt aktiv in der Entstehung und Planung involviert war, musste aus Zeitgründen leider vorzeitig aus dem Projekt aussteigen.

Nachdem wir die Zusage vom Querverlag erhalten hatten, machten Helene Traxler und ich also zu zweit weiter. Was als kleines Projekt begonnen hatte, nahm bald unsere komplette freie Zeit in Anspruch. Wir hatten dabei aber immer ein klares Ziel vor Augen, das uns antrieb: Lesben in ihrer ganzen Vielfalt und Unterschiedlichkeit abzubilden, um positive Rollenbilder aufzuzeigen.

Wir wollen mit unserem Buch alle Frauen erreichen, auch diejenigen, die sich selbst vielleicht gar nicht als lesbisch definieren. Dennoch gab es bei unserer Suche nach Role Models auch Frauen, die sich explizit an dem Wort „lesbisch“ störten und in diesem Zusammenhang nicht im Buch erscheinen wollten. Rief dieser Begriff negative Assoziationen bei diesen Frauen hervor oder wollten sie sich einfach nicht in eine Schublade stecken lassen? Schon sind wir mittendrin in der Diskussion um „lesbisch“ und „queer“. Hintergrund der Queer-Theorie ist die Ablehnung festgefahrener Kategorien mit dem Ziel, diese zu dekonstruieren. Während die feministische und lesbische Bewegung trotz aller bestehenden Unterschiede das sie Verbindende betont, beruft sich die queere Bewegung hingegen auf die Hervorhebung von Unterschieden sowie die Undefinierbarkeit von Identitäten. Queer steht somit auch Identitätskategorien wie „Frauen“ und „Lesben“ kritisch gegenüber. Diese würden – so die Kritik – eine vermeintliche Einheit suggerieren und damit das Zweigeschlechtersystem untermauern. Anstatt festgelegte Identitätskategorien abzuschaffen, hat die queere Bewegung allerdings viele neue Identitäten hervorgebracht, die inzwischen zum Hauptinhalt ihrer politischen Agenda wurden. Das Hinzukommen dieser neuen Kategorien führt jedoch auch zu einer anhaltenden Spaltung innerhalb der LGBT+ Community.

Wenn wir uns zunehmend darauf fokussieren, was uns trennt, anstatt darauf, was uns eint, wird es immer schwieriger, für eine gemeinsame Sache zu kämpfen. Selbstverständlich sollten Kategorien – egal in welcher Form – auch kritisch betrachtet werden. Denn es gibt nicht *die* Frauen oder *die* Lesben. Es ist wichtig und richtig, dass wir unsere Unterschiede erkennen und benennen und auch Formen der Mehrfachdiskriminierung miteinbeziehen. Kategorien beinhalten außerdem per se immer eine gewisse Form der Exklusion. Ohne Abgrenzung keine Einordnung. Ohne *Ihr* kein *Wir*. Jedoch sehe ich Kategorien nicht als etwas Starres an, sondern als etwas Flexibles, das sich in einem ständigen Veränderungsprozess befindet. So verstehe ich auch die Wörter „lesbisch“ und „Lesbe“ als offene, inklusive Begriffe. Wer sich als Frau und Lesbe definiert, ist daher auch jedem Menschen selbst überlassen. Das Gemeinsame, das uns unter dem Begriff verbindet, ist, dass wir gegen die strukturelle Diskriminierung von Lesben ankämpfen. Sollten wir uns – trotz all unserer Unterschiede – nicht genau auf dieses gemeinsame Ziel fokussieren?

Eine Aufhebung der Kategorie „Lesbe“ ist meiner Meinung nach erst dann möglich, wenn es keine Ungleichbehandlung von Lesben mehr gibt. Denn wenn wir die Kategorie „Lesbe“ abschaffen, schaffen wir nicht gleichzeitig die bestehende Diskriminierung ab, sondern machen diese lediglich unsichtbar. Können wir nicht viel mehr erreichen, wenn wir unsere Unterschiede anerkennen und trotzdem gemeinsam für eine Sache einstehen? Oder wie Audre Lorde sagte:

„Es sind nicht unsere Unterschiede, die uns trennen. Es ist unsere Unfähigkeit, diese Unterschiede zu erkennen, zu akzeptieren und zu feiern.“

ANMERKUNGEN

Wir verwenden im Buch die Abkürzung LGBT+ für Lesbian, Gay, Bisexual und Transgender. Das Plus steht dabei für alle Menschen, die vom heteronormativen Gesellschaftsbild abweichen.

Nicht alle Frauen in unserem Buch definieren sich auch selbst als lesbisch. Alle Frauen haben jedoch gemeinsam, dass sie sich öffentlich zu ihrer Liebe zu Frauen bekennen und somit auch für lesbische Sichtbarkeit einstehen. Daher verwenden wir die Begriffe „Lesbe“ und „lesbisch“ inklusiv.

Alle Porträts sind im Einverständnis mit den hier dargestellten Frauen entstanden und von diesen freigegeben worden.

DANK

Wir danken Simone Tichter für ihre Inspiration und ihre Unterstützung bei der Entstehung dieses Projekts.
Wir danken außerdem Ilona Bubeck und Jim Baker für die konstruktive, produktive und sehr herzliche Zusammenarbeit.
Und natürlich danken wir jeder einzelnen im Buch porträtierten Frau und ihrem Einsatz für mehr lesbische Sichtbarkeit.

SUSANNE KALKA (*1991) wuchs in Pforzheim auf, in einer Stadt, in der Lesben in der öffentlichen Wahrnehmung kaum existieren. Direkt nach ihrem Abitur zog sie nach Freiburg und schloss sich dort der schwul-lesbisch-queeren Studierendengruppe an. Im Rahmen ihres Studiums der Politikwissenschaft und Soziologie beschäftigte sie sich zunehmend mit feministischen Theorien und der sozialen Konstruktion von Geschlecht. Sie absolvierte ihren Master mit Schwerpunkt auf Geschlechtersoziologie an der Uni Potsdam und ging im Anschluss für einen Forschungsaufenthalt nach Linz. Dort entstand schließlich die Idee, ein Buch über lesbische Role Models zu schreiben. Inzwischen lebt Susanne Kalka in Köln. Wenn sie sich nicht gerade für Feminismus und lesbische Sichtbarkeit einsetzt, feiert sie am liebsten Karneval.

HELENE TRAXLER (*1984) ist Künstlerin und Artdirektorin. Sie studierte MultiMediaArt an der FH Salzburg. Seit langer Zeit arbeitet sie schon als freischaffende bildende Künstlerin, ihre Kunstwerke wurden bereits in Linz, Salzburg und Wien ausgestellt. Die essenziellen Themen ihrer Malerei sind Frauen, Feminismus und die kritische Auseinandersetzung mit stereotypen, traditionellen Geschlechterrollen. Darüber hinaus kreiert sie Zeichnungen und Illustrationen mit teils surrealem Anstrich und reichlich Girl Power. Sie gestaltete unter anderem auch Illustrationen für die European Lesbian* Conference in Wien. Helene Traxler lebt in Linz und hat neben Kunst & Feminismus ein Faible für alte analoge Kameras und stapelweise Bücher. Einblicke in ihre künstlerische Arbeit gibt es auf: *www.helenetraxler.at*